GRANDES
MUJERES
DE LA
HISTORIA

Personajes entre el mito
y el olvido que cambiaron
el mundo

PALOMA CORREDOR

LIBSA

© 2019, Editorial LIBSA
C/San Rafael, 4 bis, local 18
28108 Alcobendas (Madrid)
Tel.: (34) 91 657 25 80
Fax: (34) 91 657 25 83
e-mail: libsa@libsa.es
www.libsa.es

Ilustración: Shutterstock images y Thinkstock
Textos: Paloma Correcor
y equipo editorial LIBSA
Edición: equipo editorial LIBSA
Maquetación: equipo de maquetación LIBSA
Diseño de cubierta: equipo de diseño LIBSA
ISBN: 978-84-662-3880-9

CONTENIDO

INTRODUCCIÓN

En los últimos años, las reivindicaciones feministas han alzado su voz diciendo basta al acoso, la discriminación y los pequeños machismos cotidianos. Todas las mujeres saben lo que es recibir un trato injusto o ser miradas con desprecio o condescendencia a causa de su sexo. Y como si de un fuego purificador se tratara, los conceptos de sororidad y empoderamiento han prendido una luz en los corazones de multitud de mujeres que se están atreviendo a dejar de esconderse para expresar su verdad y comenzar a brillar. Cada vez son más las que se niegan a ajustarse a los estereotipos creados por las industrias de la belleza y la moda; que están hartas de que los medios de comunicación sigan presentando como ejemplos a mujeres jóvenes, bellas, delgadas y que trabajan como maniquíes, actrices, musas, cantantes o «influencers». Quieren nuevos modelos de mujer, reales, auténticos, complejos, para verse reflejadas en ellos y compartirlos con sus hijas, para mostrarse tal y como son y dejar de ser vistas a través del estrecho prisma de la sociedad patriarcal.

Claro que esta sensación de cambio ya la tuvieron las pioneras del feminismo como Mary Wollstonecraft o Flora Tristán en el siglo XIX, y podríamos decir que las cosas avanzan muy lentamente. Pero en realidad siempre estuvieron cambiando, solo que en muchas ocasiones no nos enteramos. Hemos vivido demasiado tiempo teniendo que estudiar libros de texto en los que no aparecían mujeres, salvo alguna reina y alguna que otra tan excepcional como Marie Curie. ¿Pero dónde estaban las escritoras, las científicas, las viajeras, las matemáticas, las pintoras, las ingenieras? Nos hicieron creer que no existían, o que apenas merecían atención.

Y resulta que, tras la negra y pesada cortina que nos las ocultaba, bullían un sinfín de asombrosas mujeres que nunca dejaron de hacer cosas increíbles. La ausencia de mujeres notables en los libros es un error lamentable que perpetúa la ignorancia y los prejuicios sobre el género femenino y que estas páginas quieren contribuir a subsanar. Hace falta que los hombres y mujeres de hoy, pero sobre todo las niñas y los niños, conozcan la existencia de esas grandes mujeres cuyo talento y coraje son una fuente de inspiración.

EL ARTE DE CAMINAR ENTRE OBSTÁCULOS

Como decía Wollstonecraft, es necesario que de una vez por todas nos demos cuenta de que solo caminando juntos, mirándonos de frente unos a otros, hombres y mujeres podremos avanzar como sociedad, liberándonos de los corsés y estereotipos que nos aprisionan y nos empequeñecen, como nos enseñaron con su ejemplo estas grandes mujeres de la historia. Sus méritos, además, se multiplican cuando conocemos las dificultades por las que tuvieron que pasar la mayoría de ellas. De entre todas las historias que se cuentan en este libro, quizás la más sobrecogedora sea la de Hipatia de Alejandría (355-416). Filósofa, astrónoma y matemática neoplatónica griega considerada la primera gran mujer científica, llevó una vida pacífica dedicada al estudio y la enseñanza hasta que fue desollada viva por una turba de cristianos radicales que, tras asesinarla, la descuartizaron y quemaron los trozos de su cuerpo. Bien conocida es también la breve vida de Juana de Arco (1412-1431), aquella joven campesina francesa que se atrevió a escuchar sus voces interiores y llegó a dirigir al ejército francés para liberar a su país durante la Guerra de los Cien Años contra Inglaterra. Acabó siendo presa y quemada viva en la hoguera, acusada de brujería. Y todo, por atreverse ambas a ir contra el orden establecido.

Son dos ejemplos extremos, pero significativos. Aunque los caminos de casi todas las mujeres que aparecen en este libro discurren por distintos senderos, la inmensa mayoría estuvieron minados por los constantes obstáculos, trabas, prejuicios, problemas e injusticias a los que se tuvieron que enfrentar simplemente por ser mujeres. Eso las convierte en un símbolo y una inspiración para las demás.

Si pudieran volver a hablar, ellas mismas nos lo contarían. Por ejemplo, Emmy Noether (1832-1935), la matemática más importante de la historia y creadora del teorema que lleva su nombre, a pesar de que se le negó repetidamente el derecho a estudiar y a enseñar por ser mujer y judía. Un caso muy parecido al de Rita Levi-Montalcini (1909-2012), neuróloga que tuvo que montar un laboratorio en su dormitorio, pero pese a todo ganó el premio Nobel de Medicina. Matilde Montoya (1859-1939) luchó durante años contra las elites universitarias de su país, que no le permitían estudiar, hasta convertirse en la primera mujer médica de México en 1887. Y Rosalind Franklin (1920-1958) fue la investigadora que hizo posible el descubrimiento del ADN, aunque sus colegas varones ni la mencionaron cuando obtuvieron el Nobel de Medicina.

¿Más ejemplos? Mary Anderson (1866-1953) inventora del limpiaparabrisas, jamás obtuvo un céntimo de los fabricantes de automóviles. Hedy Lamarr (1914-2000) inventó la tecnología que hizo posible el Wifi, pero casi todos la recuerdan como una hermosa actriz de Hollywood. Alice

Guy (1873-1968) fue la primera persona en dirigir películas, y rodó centenares de títulos a principios del siglo xx, pero siempre nos han contado que los primeros cineastas fueron los hermanos Lumière. Otro caso sangrante es el de la filóloga María Moliner (1900-1981), que escribió, sola y en los ratos libres que le quedaban en su casa, el «Diccionario de uso del español». Sin embargo, la Real Academia Española nunca se dignó incluirla entre sus miembros.

También fue totalmente ignorada la creación de Ángela Ruiz Robles, maestra que inventó el primer dispositivo de libro electrónico en 1949. Nadie quiso fabricarlo. Historias, en fin, de injusticias, desprecios y rechazos que lamentablemente no son cosa del pasado. Si Hipatia y Juana de Arco fueron asesinadas por fanáticos, la mujer más joven de todas las que aparecen en estas páginas escapó por muy poco del mismo destino en el año 2012. Hablamos de Malala Yousafzai (1997), la joven activista, bloguera y premio Nobel de la Paz paquistaní que sobrevivió a un atentado talibán. Una vez más, y son ya incontables, la parte más intransigente de la sociedad quiso acallar la voz de una mujer.

Afortunadamente, entre las biografías que hemos seleccionado también hay mujeres que no tuvieron que sufrir o sacrificarse en exceso para dedicarse a lo que amaban. Un buen ejemplo es la pintora Tamara de Lempicka (1898-1980), modelo de mujer libre que disfrutó de una vida entregada al arte y los placeres mundanos en la Francia de la «Belle Époque».

O la ingeniera Radia Perlman (1951), considerada como «la madre de Internet» y que siempre ha disfrutado tanto con su trabajo (que consiste en facilitarnos la vida enormemente a los usuarios de la red, aunque ella no se concede a sí misma demasiada importancia) como protagonizando monólogos cómicos.

También Jane Goodall (1934) tuvo la ocasión de entregar su vida desde bien joven a lo que más anhelaba, vivir en África entre los chimpancés salvajes. Creemos que, si bien es importante conocer las dificultades y hasta tormentos por los que tantas mujeres tuvieron que pasar, no lo es menos mostrar perfiles de creadoras, investigadoras o activistas que suponen un ejemplo positivo, convirtiéndose en un modelo y una inspiración para otras mujeres que también quieren romper con lo establecido y quizás no se atreven por temor a que el camino sea demasiado espinoso.

Por último, también queremos resaltar que en la lista abundan los perfiles de mujeres admirables, pero otros están llenos de luces y sombras. Como la primera ministra india Indira Gandhi o la reina Isabel la Católica. Las mujeres son seres humanos con sus debilidades, contradicciones y defectos. Es necesario romper con la mirada masculina tradicional que siempre ha tendido a idealizarlas como seres bellos, etéreos y perfectos, o bien a empequeñecerlas tratándolas de brujas, histéricas o arpías.

VIDA PRIVADA, VIDA PROFESIONAL

Desde siempre, las mujeres se han encontrado con el dilema de cómo compaginar la vida personal con su dimensión profesional. No hace tanto, era común escuchar en las entrevistas a mujeres famosas: «Si tuvieras que elegir entre tu vida personal y profesional, ¿a cuál renunciarías?» Sin embargo, los hombres nunca tuvieron que elegir ni renunciar. Por fortuna, no todas las mujeres célebres que aparecen en este libro se vieron obligadas a sacrificar su vida personal para disfrutar del éxito en su profesión. Cada una encontró su manera, y ahí reside buena parte de su riqueza como personas y su capacidad para servir de modelo a otras mujeres. Algunas sí

lograron compaginar el matrimonio y la maternidad con su dedicación a las artes o la ciencia. Por ejemplo, May French Sheldon tuvo un esposo que la animó a hacer realidad su deseo de explorar África y la esperó mientras ella recorría los remotos parajes de Kenia. Lo mismo hizo el esposo de otra viajera, Annie Londonerry, primera en recorrer el mundo en bicicleta. Marie Curie y su marido Pierre fueron siempre compañeros de vida y de investigación, y también trabajaron juntos Alice Guy y su esposo, pioneros de la industria del cine.

Otras se casaron en repetidas ocasiones o tuvieron varias parejas sucesivas, dependiendo de la etapa vital en la que se encontraban. Como Jane Goodall, Hedy Lamarr o Lee Miller, que pasó de ser la gran fotógrafa norteamericana de la Segunda Guerra Mundial a una lady inglesa que vivía en la campiña con su esposo elaborando recetas de cocina. Es de destacar que muchas de las biografiadas eligieron la soltería de forma vocacional.

Para algunas mujeres, esa era y es la única forma de ser verdaderamente independientes y entregar todo su tiempo y energía a sus carreras. Así, la escritora Jane Austen, la pintora Mary Cassatt, la enfermera Florence Nightingale, la investigadora Rita Levi-Montalcini (que afirmó «Yo soy mi propio marido») o la escritora y monja Sor Juana Inés de la Cruz, encontraron felicidad y libertad en la soltería. Incluso aunque la sociedad las considerara «solteronas», algo que bien poco debió de importarles.

Otras de nuestras mujeres eligieron embarcarse en relaciones muy poco convencionales, en coherencia con su forma libre e independiente de vivir la vida. Un caso muy conocido es el de la filósofa Simone de Beauvoir, gran defensora del poliamor. La escritora Virginia Woolf fue un típico ejemplo de mujer felizmente casada... en un matrimonio abierto. Otras nunca se casaron, pero vivieron con toda libertad sus relaciones amorosas. Como la bailarina Isadora Duncan, que eligió ser madre soltera con dos hombres diferentes.

EL PESO DE LA FAMILIA

Por supuesto, otras veces fueron las madres quienes estuvieron incondicionalmente junto a sus criaturas, siendo su soporte para que ellas pudieran desplegar las alas sin miedo. La de Jane Goodall se fue a vivir a la selva con ella. La de la doctora Matilde Montoya la animó a escribir al mismísimo presidente de México para reclamar su derecho a estudiar la carrera de medicina. Y la madre de Isadora Duncan le inculcaba el amor por la lectura y el arte cuando llegaba a casa por la noche, agotada de trabajar.

Algunas de nuestras protagonistas disfrutaron del privilegio de viajar por Europa gracias a la buena posición económica y la mentalidad abierta de sus familias, como la escritora Victoria Ocampo, Tamara de Lempicka o May French Sheldon. O bien nunca les faltó la aprobación de sus parientes para dedicarse a estudiar. Así le ocurrió a la física Lise Meitner o a Grace Hopper, miembro de una familia de militares y matemáticos que continuó con la tradición.

HISTORIAS DE SUPERACIÓN PERSONAL

Entre las biografías seleccionadas hay, cómo no, algunas cuya historia es especialmente dolorosa y conmovedora. La escritora e ilustradora inglesa Beatrix Potter logró una fortuna con sus cuentos infantiles mientras su madre, con la que convivía, nunca quiso enterarse de que su hija era una autora famosa. Chavela Vargas fue rechazada por su familia en Costa Rica a causa de su lesbianismo y

tuvo que marcharse a México para reinventarse a sí misma, sola.

Maria Callas sobrevivió a una madre terrible que la avergonzaba por llevar gafas y ser una niña regordeta. Artemisia Gentileschi logró convertirse en la pintora más famosa del siglo XVII, después de haber sido violada por un profesor y pasar por un humillante juicio en el que fue acusada de mentir. Frances Glessner Lee, pionera de la criminalística, se puso a estudiar a los 52 años. La abogada Clara Campoamor obtuvo el título de bachiller a los 32. Antes, no la dejaron.

El caso más desgarrador es el de la escultora Camille Claudel. Artista de gran talento, su obra fue eclipsada por la fama de su mentor y pareja artística, Auguste Rodin. Además, mantuvo con él una larga relación amorosa sin lograr nunca que él dejara a otra mujer con la que tuvo un hijo. Para colmo, su familia la encerró en un psiquiátrico durante los últimos 30 años de su vida. Decían que había perdido la cabeza. Eso nunca se supo con certeza, pero desde luego también quisieron callarla. Al fin y al cabo era soltera, libre, extravagante, fuerte y artista. Aunaba todos los rasgos que convertían a una mujer en un ser incómodo e indomable.

MENCIÓN ESPECIAL

Son infinidad las grandes mujeres que han sacudido la historia y se han quedado fuera de esta recopilación y que también merecen atención y reconocimiento. Durante el trabajo de investigación hemos descubierto a multitud de mujeres fascinantes cuya existencia desconocíamos, además de reencontrarnos con otras a las que ya admirábamos. Y es justo nombrarlas.

HEBE DE BONAFINI, fundadora de la Asociación Madres de Plaza de Mayo, cuyos miembros se echaron a la calle para gritar la desaparición de sus hijos tras la dictadura de Videla en Argentina.

RIGOBERTA MENCHÚ, líder indígena que ganó el Premio Nobel de la Paz por su defensa de los derechos humanos.

HILDEGARDA DE BINGEN, fue abadesa, física, filósofa, naturalista, compositora, poeta y lingüista del medievo.

ANA FRANK, quien narró en su diario de adolescencia el horror de vivir escondida con su familia en el ático de una casa en Ámsterdam por ser judíos durante la ocupación alemana.

EVA PERÓN, primera dama argentina que luchó por los derechos de los trabajadores y las mujeres.

SUSAN B. ANTHONY, incansable luchadora por el sufragio femenino en Estados Unidos, o Emmeline Pankhurst, que hizo lo propio en Gran Bretaña.

GERTRUDE B ELION, bioquímica y farmacóloga que inventó el primer tratamiento contra la leucemia.

CLARA SCHUMANN, compositora y pianista cuya carrera se vio eclipsada por la de su marido.

KATHERINE GRAHAM, la editora de «The Washington Post» que destapó el caso Watergate.

RADIA PERLMAN, ingeniera considerada como la madre de internet por ser la creadora del Protocolo Spanning Tree (STP).

Y tantas otras, a las que las mujeres de entonces y de hoy debemos reconocer como pioneras de una lucha que todavía no ha terminado.

PROTAGONISTAS RECONOCIDAS

ACTIVISTAS
Rosa Parks • Gaby Brimmer • Malala Yousafzai

ASTRONAUTAS, AVENTURERAS Y VIAJERAS
May French Sheldon • Annie Londonerry • Amelia Earhart • Valentina Tereshkova

CIENTÍFICAS
Marie Curie • Lise Meitner • Rita Levi-Montalcini • Rosalind Franklin • Jane Goodall • Frances Glessner Lee

CREADORAS
Alice Guy • Isadora Duncan • Coco Chanel • Lee Miller • Zaha Hadid

DEPORTISTAS
Billie Jean King • Katrine Switzer

ESCRITORAS Y MUJERES DE LAS LETRAS
Christine de Pizán • Sor Juana Inés de la Cruz • Mary Wollstonecraft • Jane Austen • Flora Tristán • Virginia Woolf • Gabriela Mistral • Victoria Ocampo • Alfonsina Storni • María Moliner • Simone de Beauvoir • Gloria Fuertes

FIGURAS HISTÓRICAS
Cleopatra • Isabel I de Castilla • Juana de Arco

INVENTORAS
Mary Anderson • Ángela Ruiz Robles • Hedy Lamarr

MATEMÁTICAS
Hipatia de Alejandría • Ada Lovelace • Emmy Noether • Grace Hopper

MÉDICAS Y ENFERMERAS
Trotula de Salerno • Florence Nightingale • Matilde Montoya • Virginia Apgar

MÚSICAS
Maddalena Casulana • Violeta Parra • Chavela Vargas • Maria Callas

PEDAGOGAS
Maria Montessori • Eulalia Guzmán

PINTORAS, ILUSTRADORAS Y ESCULTORAS
Artemisia Gentileschi • Marianne North • Mary Cassatt • Camille Claudel • Beatrix Potter • Tamara de Lempicka • Maruja Mallo • Frida Kahlo

POLÍTICAS
Clara Campoamor • Hermila Galindo • Indira Gandhi

GRANDES
MUJERES

CLEOPATRA

REINA DE EGIPTO

Cleopatra VII, nacida en Alejandría el año 69 a. C., fue la última reina de Egipto y su leyenda perdura hasta nuestros días. Fue una mujer ambiciosa y con grandes dotes de persuasión, que luchó por la independencia de Egipto y cautivó a grandes hombres de su tiempo.

LA ÚLTIMA REINA DE EGIPTO

CLEOPATRA FUE LA PRIMERA DE SU DINASTÍA EN APRENDER EL IDIOMA EGIPCIO Y TAMBIÉN HABLABA GRIEGO, HEBREO, SIRIO, ARAMEO Y SEGURAMENTE, LATÍN.

Cleopatra era hija de Ptolomeo XII y Cleopatra V, y fue la última reina de la dinastía de los ptolomeos, que recibió el nombre de un general de Alejandro Magno. Tenía 18 años cuando, en el 51 a. C. heredó el trono junto con su hermano Ptolomeo XIII, de 12. Los hermanos contrajeron matrimonio, algo que resulta chocante en nuestra época, pero que era una formalidad necesaria en su cultura para poder ocupar el trono. Aunque fue Cleopatra quien realmente ejerció como reina, siendo mucho más querida por su pueblo que su padre, un monarca corrupto y a quien no le interesaba el bienestar de sus súbditos. Sin embargo, en el año 48 a. C. y movido por intrigas palaciegas, su joven hermano le arrebató el poder a Cleopatra y la expulsó de Egipto. Ella eligió Siria como lugar de destierro, y vivió allí durante un tiempo sin dejar de planear la manera de recuperar su trono. Lo logró acercándose a Julio César, quien se convirtió en su amante y protector. Su ejército logró destronar a Ptolomeo XIII, que fue desterrado a la isla de griega de Creta. Cleopatra recuperó el trono en 47 a. C. y mantuvo su relación con Julio César hasta la muerte de este.

Sin embargo, como no podía reinar siendo soltera, se casó de nuevo con un hermano suyo. Ptolomeo XIV tenía tan solo 10 años, pero evidentemente el suyo fue un matrimonio de puro trámite. Con Julio César, su verdadera pareja, fue madre de Ptolomeo XV, conocido como Cesarión, y vivió durante dos años junto a Julio César y el pequeño en Roma. Sin embargo, la reina egipcia no era del gusto del pueblo romano, que la veía como una intrusa que dominaba al César. Cuando este fue asesinado en el 44 a. C., Cleopatra y su hijo quedaron desprotegidos y regresaron rápidamente a Egipto, temiendo que el pueblo romano descargara su ira sobre ellos. Lo primero que hizo al volver fue ordenar matar a su hermano y esposo, para que su hijo pudiera heredar el trono. Así fue, y de esa forma Ptolomeo XV se convirtió en el último faraón de Egipto.

EL FIN DE LA INDEPENDENCIA

Pero Cleopatra necesitaba un nuevo aliado que respaldara su poder. Quería intentar por todos los medios conservar la independencia y el esplendor de Egipto, aunque el país ya no era el imperio poderoso de antaño, sino casi una provincia de Roma. En el año 41 a. C. logró que Marco Antonio, general romano de Julio César, le brindara la protección y el apoyo necesarios para mantenerse en el trono. Incluso, juntos conquistaron territorios como Chipre, Fenicia o Arabia, y fueron pareja y padres de tres hijos.

Cuando Cayo Julio César Octavio, nieto de Julio César, tomó Alejandría en el 31 a. C. y venció al ejército de Marco Antonio, le hicieron creer que Cleopatra había muerto. Desesperado, él se suicidó dejándose caer sobre su propia espada. Ella, al conocer la noticia, tomó una drástica decisión. Sabía que le esperaba un trágico final a manos de Octavio Augusto, un hombre despiadado al que no iba a poder conquistar. Él la capturaría y la llevaría a Roma, donde sería cruelmente asesinada. Así que, adelantándose, Cleopatra se quitó la vida dejándose morder por una cobra en el año 30 a. C., siguiendo un ritual egipcio con la ayuda de sus sirvientas. Octavio Augusto asesinó a su hijo Cesarión, y de esta forma se extinguió la dinastía ptolemaica y Egipto se anexionó definitivamente al Imperio Romano.

SU NOMBRE SIGNIFICA «GLORIA DE SU PADRE».

CLEOPATRA Y LA BELLEZA

El cine y la literatura, así como la mirada tradicional masculina hacia las mujeres, representaron a Cleopatra como una mujer astuta y manipuladora que manejaba a los hombres a su antojo con su belleza y su atractivo sexual. La imagen que ha quedado en la retina es la de la actriz Elizabeth Taylor, que la encarnó en el cine. Pero esta visión estereotipada sería falsa, según testimonios del historiador griego Plutarco, quien aseguraba que era una mujer atractiva y carismática gracias a su refinada educación y modales, además de su impresionante cultura (estudió literatura, música, matemáticas o medicina) y don de lenguas. Tampoco las esculturas y los dibujos que la representan muestran una belleza fuera de lo común.

NO ERA TAN HERMOSA COMO ASEGURA LA LEYENDA; MÁS BIEN POSEÍA UNA PROMINENTE NARIZ, PERO DEBÍA DE TENER UNA VOZ MUY BONITA Y UN TEMPERAMENTO MUY ATRACTIVO.

CRONOLOGÍA

69 a. C.
Nace en Alejandría
51 a. C.
Hereda el trono junto con su hermano Ptolomeo XIII
48 a. C.
Su hermano le arrebata el poder y vive exiliada en Siria
47 a. C.
Recupera el trono con ayuda de Julio César
44 a. C.
Julio César es asesinado y Cleopatra y su hijo en común regresan a Egipto
41 a. C.
Recupera de nuevo el poder gracias a Marco Antonio
30 a. C.
Tras el suicidio de Marco Antonio, ella también se quita la vida

SU HABILIDAD POLÍTICA LE AYUDÓ A CONSERVAR EL TRONO DE EGIPTO.

HIPATIA DE ALEJANDRÍA

FILÓSOFA, ASTRÓNOMA Y MATEMÁTICA

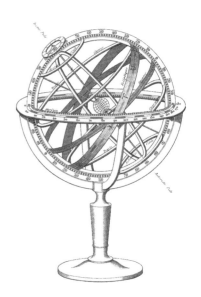

Matemática, astrónoma y filósofa nacida en Egipto en el año 370, Hipatia fue directora del Museo de Alejandría y una maestra muy apreciada por sus discípulos y por los hombres más poderosos de la sociedad. Hasta que fue brutalmente asesinada por un grupo de cristianos radicales. Su «delito»: ser mujer, pagana y extremadamente culta.

SABIA DE LA ANTIGÜEDAD

Nació en Alejandría, ciudad egipcia que en su época formaba parte del Imperio romano, en el año 370 o 355, según distintas versiones. No se conoce quién fue su madre, pero sí su padre, figura indispensable en su vida. Se trata de Teón de Alejandría, un gran filósofo y matemático cuya mentalidad abierta permitió que su hija se convirtiera en una mujer profundamente culta. Teón era investigador y profesor en el Museo de Alejandría, verdadera cuna del saber en la Antigüedad. Allí vivían un centenar de profesores, y muchos otros acudían como invitados para compartir sus conocimientos. Así, Hipatia creció en un ambiente culto y estimulante. Desde bien niña, su padre se ocupó de facilitarle una completa educación según el ideal de la cultura griega. Es decir, cultivando el cuerpo, la mente y el espíritu para obtener los frutos de la belleza, la sabiduría y la razón. En la formación de Hipatia eran tan importantes las lecciones teóricas como el ejercicio físico diario y los baños relajantes.

Para completar su educación viajó a Roma y Atenas, donde estudió filosofía, astronomía, matemáticas, física y lógica. A su regreso, comenzó a trabajar en el Museo. Por

LA BRILLANTE MAESTRA DE MATEMÁTICAS Y ASTRONOMÍA HA PASADO A LA HISTORIA COMO EL SÍMBOLO DE LAS REPERCUSIONES DE LA INTOLERANCIA RELIGIOSA. EN MARZO DE 415 SU BRUTAL ASESINATO ENTERRÓ EL RAZONAMIENTO GRIEGO Y DIO PASO AL OSCURANTISMO MEDIEVAL EN EL QUE TODA CIENCIA QUE CONTRADECÍA LA PALABRA DE DIOS SE CONSIDERABA HEREJÍA.

CRONOLOGÍA

355 o 370
Nace en Alejandría (Egipto). Las fechas son aproximadas

391
El cristianismo se convierte en religión oficial y única del Imperio Romano, al que por entonces pertenecía Egipto

400
En torno a ese año se sabe que ya era líder de los neoplatónicos alejandrinos

415 o 416
Es asesinada en Alejandría

DECÍAN DE ELLA QUE «VESTIDA CON EL MANTO DE LOS FILÓSOFOS, ABRIÉNDOSE PASO EN MEDIO DE LA CIUDAD, EXPLICABA PÚBLICAMENTE LOS ESCRITOS DE PLATÓN, O DE ARISTÓTELES, O DE CUALQUIER FILÓSOFO, A TODOS LOS QUE QUISIERAN ESCUCHAR».

desgracia, todo su trabajo científico se perdió, pero quedan los testimonios de sus pupilos y conocidos. Gracias a ellos se sabe que Hipatia construyó un astrolabio, un hidroscopio y un hidrómetro graduado de latón. También escribió libros sobre geometría, álgebra y astronomía. Confeccionó un planisferio cartografiando cuerpos celestes y también se interesó por la mecánica. Incluso llegó a ser directora del Museo de Alejandría, ocupando el puesto que antes había desempeñado

ESTÁ CONSIDERADA LA PRIMERA MUJER EN HACER IMPORTANTES CONTRIBUCIONES AL CAMPO DE LAS MATEMÁTICAS, ASÍ COMO A LA ASTRONOMÍA.

su padre. Según algunos historiadores, muchos escritos atribuidos a este fueron en realidad obra de ella.

FUE LA INCULTURA Y LA CERRAZÓN MENTAL LAS QUE REALMENTE MATARON A HIPATIA.

Su vida transcurría serena y disciplinada, entregada al saber y a las rutinas diarias. Aunque se dice de ella que era extraordinariamente atractiva y vivía rodeada de admiradores, Hipatia rechazó casarse para poder mantener su libertad y dedicar toda su energía al estudio. Su entrega absoluta al pensamiento y la enseñanza le valió el aprecio general. Sus discípulos se multiplicaban, y su casa se convirtió en un lugar de enseñanza donde acudían estudiantes de varios países. Muchos de ellos formaban parte de la aristocracia y después ejercieron cargos políticos.

Pero aquella felicidad se truncó cuando el cristianismo se convirtió en 391 en religión oficial y única del Imperio Romano. En el año 412, Cirilo se convirtió en patriarca de Alejandría. Este era rival político de Orestes, prefecto romano de dicha ciudad y gran amigo de Hipatia. Había un conflicto de poderes entre la Iglesia y el Estado. Hipatia comenzó a ser vista como una amenaza por los cristianos por su manera de pensar, abierta y civilizada, su defensa de la ciencia y su paganismo. En aquella época, los cristianos pretendían destruir todo el conocimiento que no partiera de los mandatos de la iglesia. Llegaron a intentar destruir todos los templos y libros helénicos, y hubo mucha violencia y presiones para que los paganos se convirtieran. Hipatia no quiso hacerlo, y Orestes la protegió. Pero a su muerte, Cirilo la calificó de bruja y hechicera y se cree que estuvo detrás su espantoso final. En el año 415, un grupo de monjes integristas fueron a buscar a Hipatia y le dieron una brutal paliza, la desnudaron, la violaron, la despellejaron y luego despedazaron el cuerpo y quemaron los trozos. Así lo relató Sócrates Escolástico. Cirilo, no obstante, fue declarado santo.

«LA VIDA ES CRECIMIENTO, Y CUANTO MÁS VIAJAMOS, MÁS VERDAD PODEMOS COMPRENDER. COMPRENDER LAS COSAS QUE NOS RODEAN ES LA MEJOR PREPARACIÓN PARA COMPRENDER LAS COSAS QUE HAY MÁS ALLÁ.»

Este brutal asesinato fue uno de los acontecimientos que marcaron el declive de Alejandría, ciudad que había sido centro del progreso, la cultura y el aprendizaje. La Ilustración rescató la figura de Hipatia del olvido, y le otorgó un justo lugar entre los grandes sabios de la historia.

LA BIBLIOTECA DE ALEJANDRÍA

Aunque no es un dato confirmado, algunos historiadores afirman que Hipatia podría haber sido directora de la Biblioteca Real de Alejandría, que llegó a ser la más grande del mundo. Fundada en el siglo III a. C. por la dinastía de los ptolomeos, llegó a albergar casi un millón de manuscritos. Se desconoce también cuál fue el momento exacto de su destrucción, aunque se cree que ocurrió durante alguna batalla en el siglo III o IV, poco después del asesinato de Hipatia. Se destruyeron así buena parte de pensamientos, descubrimientos y avances científicos de la Antigüedad. Por ejemplo, en la Biblioteca había 123 obras teatrales de Sófocles, y solo sobrevivieron siete.

BIBLIOTECA

MAESTRA DE GRAN CARISMA, FUE CONSEJERA DE LOS ALTOS CARGOS DE ALEJANDRÍA, QUE APRECIABAN MUCHO SU SENSATEZ, CULTURA E INTELIGENCIA.

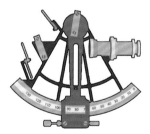

UN ASTEROIDE Y UN CRÁTER LUNAR LLEVAN SU NOMBRE COMO RECONOCIMIENTO POSTRERO A SU LABOR CIENTÍFICA.

GEOMETRY

TROTULA DE SALERNO

MÉDICA

En el XII, época en la que el saber estaba en poder de los hombres, vivió en Italia una mujer llamada Trotula de Salerno, que fue la primera ginecóloga de la historia, además de profesora y autora de varios manuales de medicina que se estudiaron durante siglos.

LA PRIMERA GINECÓLOGA

No se conocen muchos detalles sobre la vida de Trotula, salvo que nació en la ciudad de Salerno, probablemente en 1110, y que procedía de una familia adinerada. Sin embargo, su contribución a la medicina merece ocupar un lugar en los libros de historia. Se cree que se casó con Johannes Platearius, uno de los médicos fundadores de la Escuela de Medicina de Salerno. La pareja tuvo dos hijos varones que también llegaron a ser médicos. Sin embargo, tanto en vida de Trotula como incluso en el siglo X, muchos dudaron de su existencia, asegurando que era un personaje ficticio y atribuyendo sus méritos a su esposo. Para comprender la relevancia de este personaje es necesario conocer el contexto histórico en el que vivió. Era la Edad Media, tiempo en que los hombres de la Iglesia acaparaban todo el saber, custodiándolo en los monasterios. Era casi impensable que una mujer pudiera acceder al conocimiento, y mucho menos llegar a ser médica. Fue aquella una época oscura e ignorante, donde las féminas que trataban de salir del hogar para estudiar, desarrollarse como personas o pensar por sí mismas podían ser acusadas de practicar brujería y condenadas a morir en la hoguera.

SU DEFENSA DE LA HIGIENE FEMENINA ES UNA IDEA MODERNA ADELANTADA A SU ÉPOCA.

Pero Trotula tuvo la fortuna de vivir en la ciudad donde se levantó la excepcional Escuela de Medicina de Salerno, de la que ella fue una de las alumnas más destacadas. Se trataba de la primera escuela laica y que permitía el acceso a las mujeres. Trotula se formó como médica, y trabajó tratando enfermedades de la piel, dolencias oculares e incluso el cáncer. Sin embargo, se especializó en Ginecología y Obstetricia, campos donde realizó aportaciones fundamentales. Trotula escribió numerosos libros, tan populares, que fueron copiados en muchas ocasiones. Posteriormente, tras el descubrimiento de la imprenta por Gutenberg, fueron impresos por primera vez en el año 1554 en Estrasburgo.

AUTORA INFLUYENTE

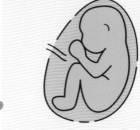

Sus obras se dividen en dos tomos: la «Trotula Major» y la «Trotula Minor». La «Trotula Major» incluye el tratado titulado «Las dolencias de las mujeres», que consta de 60 capítulos en los que habla de dolencias femeninas como el embarazo, el parto, el puerperio o la fertilidad, y otros temas relacionados con la salud de la mujer y de los niños pequeños. Este libro se usó como tratado de medicina en las universidades europeas hasta el siglo XVI. Es una obra revolucionaria para su tiempo, pues defendía el uso de hierbas para calmar los dolores del parto, rechazaba la idea de que la menstruación era causa de muchos males o exponía que los problemas de infertilidad también podían tener origen masculino. Ideas todas ellas insólitas en aquella época.

«Trotula Minor» es un tratado sobre bienestar y cosmética femenina, que ofrece consejos tan actuales como seguir una dieta equilibrada, hacer ejercicio físico y realizar masajes con aceites. Incide especialmente en la importancia de la higiene para prevenir infecciones y enfermedades, siglos antes de que se generalizara esa idea. Se cree que Trotula murió en Salerno en el año 1160. Otras fuentes aseguran que falleció en 1197 a la muy avanzada (para la época) edad de 87 años.

EJERCIÓ COMO DOCTORA EN EL SIGLO XII, ÉPOCA EN LA QUE CASI CUALQUIER SABER Y DESDE LUEGO, LA PRÁCTICA MÉDICA, ESTABA VETADA A LAS MUJERES.

CRONOLOGÍA

1110
Nace en Salerno (Italia)
La fecha es aproximada
1554
Sus libros son impresos por primera vez, después de que Gutenberg inventara la imprenta
1160 o 1197
(fechas aproximadas)
Muere en Salerno

LAS DAMAS DE SALERNO

La Escuela Médica de Salerno se convirtió en la más prestigiosa de Europa en el siglo XII. Considerada la primera universidad laica del viejo continente, su papel fue muy importante porque abrió sus puertas al conocimiento que aportaban otras culturas, como la musulmana y la judía. Además, fue pionera en admitir mujeres entre sus alumnos. Fueron las llamadas «damas de Salerno». No solo estaba Trotula, sino también la judía Rebeca Guarna, que escribió un tratado sobre la orina y las fiebres. O Abella, musulmana. Constanza y Calenda eran alemanas. Pero pocos han oído hablar de ellas, ya que sus logros fueron minimizados u ocultados hasta caer en un cruel olvido. No olvidemos que las demás universidades negaron la entrada a las mujeres, y la profesión médica no les permitió el acceso hasta finales del siglo XIX. Y lo hizo a regañadientes.

FUE UNA DE LAS ESTUDIANTES MÁS DESTACADAS DE LA ESCUELA DE SALERNO.

CHRISTINE DE PIZÁN

ESCRITORA

Nacida en Venecia en 1364, Christine de Pizán parece haber sido olvidada por los libros de historia, a pesar de haber sido una pionera del feminismo y la primera escritora que logró vivir de sus libros.

PRIMERA ESCRITORA PROFESIONAL DE LA HISTORIA

Christine tenía cuatro años cuando su familia se trasladó a Francia, pues el rey Carlos V reclamó la presencia del padre. Este, que se llamaba Tomasso, fue asesor, médico y astrónomo personal del monarca. Christine lo adoraba y quería saber tanto como él. Algo que no gustaba nada a su madre, pero Tomasso enseñó a la pequeña latín, teología, filosofía y ciencias. Era algo insólito para la época. Tanto, como lo que vino a continuación: un matrimonio por amor con el secretario del rey. Su esposo no solo la amaba, sino que también la animó a seguir estudiando y escribiendo. Y así, la joven Christine fue feliz combinando el estudio con su familia, pues era madre de tres hijos.

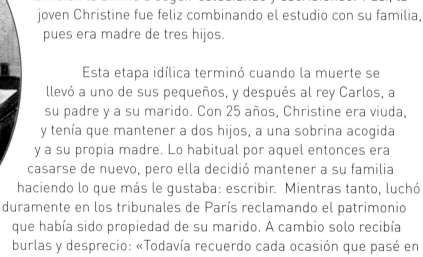

«LA EXCELENCIA O LA INFERIORIDAD DE LOS SERES NO RESIDE EN SUS CUERPOS».

Esta etapa idílica terminó cuando la muerte se llevó a uno de sus pequeños, y después al rey Carlos, a su padre y a su marido. Con 25 años, Christine era viuda, y tenía que mantener a dos hijos, a una sobrina acogida y a su propia madre. Lo habitual por aquel entonces era casarse de nuevo, pero ella decidió mantener a su familia haciendo lo que más le gustaba: escribir. Mientras tanto, luchó duramente en los tribunales de París reclamando el patrimonio que había sido propiedad de su marido. A cambio solo recibía burlas y desprecio: «Todavía recuerdo cada ocasión que pasé en aquellas salas, cómo aquellas gentes, llenas de vino y de grasa, se burlaban de mis pretensiones», escribió al terminar aquella humillación. Sus poemas y canciones lograron gran popularidad entre los nobles medievales y recibió el encargo de escribir una elegía de Carlos V. Así, Christine logró vivir de su trabajo como escritora y mantener a su familia. Pronto utilizó la pluma para expresar sus ideas sobre política, filosofía o moral. Era una mujer recta que abogaba por el cultivo de la razón y la virtud, y alertaba contra el miedo y la ignorancia.

LA CIUDAD DE LAS DAMAS

«NO HAY TEXTO QUE ESTÉ EXENTO DE MISOGINIA».

Pero, sobre todo, Christine de Pizán fue una apasionada feminista. Su obra más representativa es «La ciudad de las damas», donde recopila biografías ejemplares de mujeres notables y critica duramente la misoginia que impregnaba la sociedad medieval. A ella, que era culta y prudente, le asombraba la cantidad de filósofos, escritores o políticos que habían plasmado sus ideas denigrantes sobre las mujeres: «Me preguntaba cuáles podrían ser las razones que llevan a tantos hombres, clérigos y laicos, a vituperar a las mujeres, criticándolas bien de palabra, bien en escritos y tratados. No hay texto que esté exento de misoginia», reflexionó.

Ella pensaba que si las mujeres hubieran escrito los libros y la historia, la visión acerca del género femenino sería muy distinta. Era imprescindible contribuir a que otras mujeres aprendieran a mirarse al espejo y conocerse a sí mismas, dejando de identificarse con la visión que los hombres tenían de ellas. Así lo hizo ella misma cuando se dio cuenta de que «había llegado a fiarme más del juicio ajeno que de lo que sentía y sabía en mi ser de mujer». Sus libros y sus ideas levantaron ampollas entre muchos hombres poderosos que no estaban dispuestos a renunciar a sus privilegios. Sin embargo, llegó un momento en que Christine perdió las ganas de luchar y de escribir. Se trasladó al convento de Poissy, donde había profesado su hija. Ya no le quedaba más familia y no tenía ganas de escribir.

Pero entonces llegó a sus oídos una noticia asombrosa. Una joven de 16 años había liberado la ciudad de Orleans en ocho días, tras un duro asedio de siete meses en medio de la cruenta Guerra de los Cien Años entre Francia e Inglaterra. Aquella asombrosa noticia hizo que la llama volviera a arder, y Christine corrió a escribir su «Canción en honor a Juana de Arco», que sería su última obra y también su última alegría. Ella tenía razón: las mujeres podían ser capaces de llegar donde quisieran, si se eliminaban los muros levantados por la sociedad patriarcal. Murió alrededor de 1430 en el Monasterio, y se conservan casi 40 de sus obras. Muchas otras se perdieron, pero perduró su mensaje, tan necesario como desgraciadamente vigente.

SU GRAN CULTURA E INQUIETUD ABORRECÍA LA MISOGINIA MEDIEVAL.

CRONOLOGÍA

1364
Nace en Venecia
1368
Se traslada a Francia con su familia, donde vivirá el resto de su vida
1399
Publica su primera obra, «Cien Baladas»
1405
Escribe su autobiografía, «La visión de Christine», y su libro más conocido, «La ciudad de las damas»
1418
Se traslada a vivir al monasterio de Poissy
1429
Publica su «Canción en honor de Juana de Arco»
1430
Fallece en el monasterio (fecha aproximada)

TUVO LA FORTUNA DE SER EDUCADA POR SU PADRE Y DE CASARSE POR AMOR, PERO TERMINÓ SUS DÍAS DEFRAUDADA POR LA SOCIEDAD.

JUANA DE ARCO
HEROÍNA Y SANTA

Patrona de Francia y santa de la Iglesia católica, Juana de Arco vivió una corta y asombrosa existencia que la llevó de ser una campesina analfabeta a capitanear el ejército francés para liberar la ciudad de Orleans durante la Guerra de los Cien Años.

LIBERADORA DE FRANCIA

Juana nació en 1412 en una humilde familia campesina de Domrémy, en Francia. Fue una niña tranquila y devota que no sabía leer ni escribir. Pero pronto confesó a su familia que no dejaba de tener visiones en las que San Miguel, Santa Catalina y Santa Margarita le encomendaban una increíble misión: liderar el ejército francés para expulsar a los ingleses, liberando los territorios que habían ocupado a lo largo de la cruenta Guerra de los Cien Años (1337-1453).

Las voces persistían, y Juana no podía dejar de escucharlas. Así que insistió hasta ser llevada a la corte de Carlos VII. Lo hizo vestida como un hombre, tal y como le habían indicado las voces. El rey, que no podía creerse aquella historia, trató de engañarla poniendo a otro en su lugar. Pero Juana, guiada por sus visiones, se dirigió al verdadero rey y le habló de asuntos políticos que ella de ninguna manera podía conocer. Así le convenció de que era la enviada de Dios para ayudarle a reconquistar Francia.

El país estaba sufriendo mucho por la violencia de los ingleses, que se iban apoderando por la fuerza de muchas ciudades y llevaban siete meses sitiando la ciudad de Orleans. El rey Carlos ya daba por perdida la guerra cuando apareció Juana y la nombró capitana de su ejército. Portando una bandera blanca con los nombres de Jesús y María, la joven de 16 años se dirigió a Orleans. Con su determinación, logró que los franceses expulsaran a los ingleses y liberaran la ciudad, que fue seguida de otras. Juana no luchaba, pero animaba, guiaba e inspiraba a los soldados, infundiéndoles valor y entusiasmo. Finalmente, Carlos VII fue coronado como rey de Francia

«ESTA CÁRCEL HA SIDO PARA MÍ UN MARTIRIO TAN CRUEL COMO NUNCA ME HABÍA IMAGINADO QUE PUDIERA SERLO».

en 1429 en la ciudad de Reims. Juana, conocida como «la doncella de Orleans», se había convertido en la heroína nacional.

Pero aún faltaba la conquista de París. La capital también estaba bajo dominio inglés y, en 1430, Juana emprendió camino hacia ella al frente de su ejército. Sin embargo, el rey la traicionó, cediendo a las intrigas y envidias que le instaban a deshacerse de aquella joven que muchos veían como una intrusa y una amenaza, le retiró sus tropas. Así, Juana fue entregada a los ingleses, que la hicieron prisionera, la acusaron de brujería y la condenaron a morir en la hoguera. Pretendían demostrar que la joven les había vencido usando magia negra. Como es comprensible, no querían reconocer que habían sido vencidos por una mujer joven y analfabeta.

CONDENADA POR BRUJA Y HEREJE

En la cárcel de Ruán, Juana pasó por un infierno de maltrato y humillaciones. Un tribunal eclesiástico la juzgó con dureza y tres meses después, el 25 de mayo de 1431, la declaró culpable de los cargos de brujería y herejía, afirmando que las voces que escuchaba procedían del diablo y que la coronación de Carlos VII no era válida, pues había sido engañado por una bruja. También la acusaron de vestirse de hombre, algo que estaba prohibido para una mujer. Aunque en un principio Juana se retractó, pareciendo que iba ser condenada a cadena perpertua, finalmente volvió a defender que todo lo había hecho guiada por voces divinas. Aunque pidió la ayuda del Papa, nadie la escuchó, y el rey Carlos no hizo nada por defenderla.

Y así, la condenaron a morir en la hoguera. El 30 de mayo, Juana fue llevada a la plaza del mercado, donde la ataron a un poste y le prendieron fuego. Murió rezando, y sus cenizas fueron arrojadas al río Sena. A insistencia de su madre y sus hermanos, finalmente una comisión pontificia volvió a abrir el caso y rehabilitó la figura de Juana en 1456, reconociendo que su ejecución había sido muy injusta. En 1920, el Papa Benedicto XV la proclamó santa de la Iglesia Católica.

EL REY CARLOS VII LA UTILIZÓ PARA SU PROVECHO Y DESPUÉS LA TRAICIONÓ, DEJÁNDOLA EN MANOS DE SUS ENEMIGOS.

CRONOLOGÍA

1412
Nace en Domrémy-la-Pucelle, Francia, el 6 de enero (fecha aproximada)

1429
Libera la ciudad de Orleans al frente del ejército francés

1430
El rey Carlos VII de Francia la entrega a los ingleses, que la encarcelan

1431
Tras ser acusada de brujería, el 30 de mayo es quemada viva en una plaza pública de Ruán, Francia

1920
El Papa Benedicto XV la proclama santa

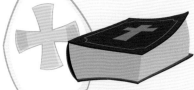

LA IGLESIA LA BEATIFICÓ EN 1909 Y LA CANONIZÓ EN 1920.

MADDALENA CASULANA

COMPOSITORA

Su gran cultura musical y literaria la convirtieron en compositora, cantante e intérprete en la Italia del Renacimiento. Fue la primera mujer que vio su música impresa y publicada en la historia de la música occidental.

LA PRIMERA MÚSICA CON PARTITURAS IMPRESAS

No se conocen demasiados datos sobre la vida de Maddalena Casulana, y los que han llegado hasta nuestros días son algo confusos, pero se sabe que nació en Casole d´Elsa, cerca de Siena, en la Toscana italiana, hacia 1540. Al parecer, estuvo casada y recibió formación musical desde muy joven, destacando enseguida como cantante e intérprete de laúd.

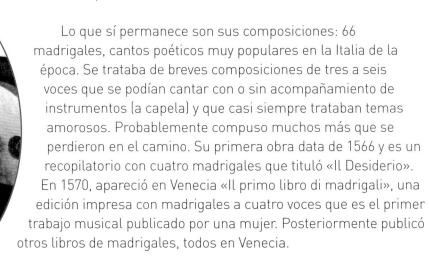

Lo que sí permanece son sus composiciones: 66 madrigales, cantos poéticos muy populares en la Italia de la época. Se trataba de breves composiciones de tres a seis voces que se podían cantar con o sin acompañamiento de instrumentos (a capela) y que casi siempre trataban temas amorosos. Probablemente compuso muchos más que se perdieron en el camino. Su primera obra data de 1566 y es un recopilatorio con cuatro madrigales que tituló «Il Desiderio». En 1570, apareció en Venecia «Il primo libro di madrigali», una edición impresa con madrigales a cuatro voces que es el primer trabajo musical publicado por una mujer. Posteriormente publicó otros libros de madrigales, todos en Venecia.

«DESEO MOSTRAR AL MUNDO TANTO COMO PUEDA EN ESTA PROFESIÓN MUSICAL, LA ERRÓNEA VANIDAD DE QUE SOLO LOS HOMBRES POSEEN LOS DONES DEL ARTE Y EL INTELECTO, Y DE QUE ESTOS DONES NUNCA SON DADOS A LAS MUJERES».

A pesar de lo poco que sabemos sobre Maddalena, al margen de sus hermosas composiciones, sus propias palabras en la dedicatoria de «Il primo libro di madrigali» son tremendamente elocuentes. Estaban dirigidas a su amiga Isabela de Médici, hija del Gran Duque de Toscana, y en ellas reflexionaba amargamente sobre la vanidad de los hombres, que pretendían ser los únicos poseedores de inteligencia y sensibilidad artística. En la Italia de la época no era raro que las mujeres de buena posición recibieran educación musical. Pero dar el salto a la composición era una tarea solo apta para aquellas que amaran tanto la música como para ser capaces de saltar un sinfín de muros. No ha trascendido cómo lo hizo Casulana, pero un análisis de sus composiciones revela que supo utilizar su talento y determinación para dar voz a la mujer en las letras de sus madrigales. Pero una voz propia, inteligente, lejos de los tópicos que aparecían en otras letras escritas por hombres y que confinaban a las mujeres en el papel de víctima o musa inalcanzable. Los análisis de sus textos demuestran que era una mujer culta, conocedora de los textos filosóficos y que dominaba los recursos literarios.

Como compositora, su estilo fue unánimamente reconocido por su brillantez y armonía. Sus composiciones llegaron incluso a la corte de Alberto V de Baviera en Múnich. Se sabe también que impartió clases de música en ciudades como Venecia, Florencia o Milán. La fecha aproximada de su muerte es 1590.

FRANCESCA CACCINI, LA PRIMERA COMPOSITORA DE ÓPERA

Tres años antes de la muerte de Casulana, en 1587, nacía en Florencia otra mujer cuyo talento pasaría a la historia de la música italiana. Se trata de Francesca Caccini, una prolífica artista que fue cantante, actriz, profesora, escritora y la primera mujer en componer una ópera. Educada musicalmente por su padre, el compositor Giulio Caccini, triunfó primero como cantante y posteriormente comenzó a escribir música para la Corte de los Médici e incluso se lanzó a componer óperas. Su talento la convirtió en una de las empleadas más valoradas y mejor pagadas de la corte. «La liberazione di Ruggiero», compuesta en 1625, fue un gran éxito y se convirtió en la primera ópera italiana representada en el extranjero. Las otras cuatro que compuso, por desgracia, se perdieron. Tampoco se sabe con certeza la fecha de su muerte, aunque ocurrió aproximadamente en 1640.

Otra destacada compositora italiana de la época fue Vittoria Aleotti (1575-1620), también religiosa y organista, que en 1593 publicó la primera música sacra compuesta por una mujer.

AUNQUE ERA FRECUENTE QUE LAS MUJERES RECIBIERAN EDUCACIÓN MUSICAL, LA COMPOSICIÓN ERA UN MUNDO DE HOMBRES... EXCEPTO PARA MADDALENA.

CRONOLOGÍA
1540
Nace en Casole d´Elsa, cerca de Siena, en la Toscana italiana
1566
Publica un recopilatorio con cuatro madrigales que titula «Il Desiderio»
1570
Publica, también en Venecia, «Il primo libro di madrigali», primer trabajo musical publicado por una mujer
1590
Fecha aproximada de su muerte (se desconoce el lugar)

SU AMIGA Y PROTECTORA, ISABELA DE MÉDICI, FUE ASESINADA POR SU ESPOSO EN LO QUE SE CONSIDERÓ UN CRIMEN DE HONOR.

ISABEL I DE CASTILLA

REINA

Isabel I, la Reina Católica, es una figura polémica que siempre ha desatado tantas pasiones como rechazos. Nacida en 1451, lo que nadie puede negar es que fue una reina fuerte, impulsada por la seguridad en sí misma, la fe y una poderosa intuición que la llevó a apoyar el viaje de Cristóbal Colón.

AUTOPROCLAMADA REINA DE CASTILLA

«LA CÓLERA DA INGENIO A LOS HOMBRES APAGADOS, PERO LOS DEJA EN LA POBREZA».

Isabel de Trastámara vino al mundo en 1451 en un pueblo de Castilla llamado Madrigal de las Altas Torres. Era hija de Isabel de Portugal y del rey Juan ll de Castilla, quien ya tenía un hijo de un matrimonio previo llamado Enrique. Isabel tuvo una infancia y primera juventud tranquilas junto a su madre, que pronto quedó viuda, y su hermano pequeño, Alfonso. Su vida estaba dedicada a la oración y la contemplación. Jamás pasó por su cabeza convertirse en reina. Ese papel le correspondía a su hermanastro, que fue coronado en 1454 como Enrique IV. En 1462 nació su hija Juana, apodada "La Beltraneja" y de cuya paternidad siempre se dudó. Isabel fue la madrina de esta pequeña que con el tiempo se convertiría en su enemiga. Los enemigos de Enrique, anhelando arrebatarle el trono y obviar a su hija, nombraron rey a Alfonso en 1465, cuando tenía tan solo 12 años. A los 15 falleció, probablemente envenenado. Los nobles de la corte trataron entonces de nombrar reina a Isabel, aunque ella no aceptó. Sí consintió en ser proclamada Princesa de Asturias, en 1468. Así, el propio Enrique apartaba a su hija de la línea sucesoria, dando a entender que en efecto no era su hija biológica. Algo que no era de extrañar teniendo en cuenta su apodo, «El impotente».

El nombramiento de Isabel llevaba aparejada una condición: solo podría casarse con el candidato que su hermano, el rey Enrique, aprobara. Ella rechazó a muchos pretendientes, hasta que eligió a su primo Fernando, hijo de Juan II de Aragón. Prepararon la boda en secreto y a espaldas del rey, y el 19 de octubre de 1469 se casaron en Valladolid. Se unían así las coronas de Castilla y Aragón. Cada uno reinaba en su territorio, pero formaban un equipo que se complementaba a la perfección. Enrique, enfurecido, trató de nombrar de nuevo a Juana heredera de Castilla y casarla con el rey portugués Alfonso V, pero murió antes de conseguirlo. Dos días después, el 13 de diciembre de 1474, defendiendo su derecho al trono, Isabel partió del Alcázar de

Segovia, llegó a la Iglesia de San Miguel y se proclamó a sí misma reina de Castilla. Al año, Juana se casó con Alfonso y sus partidarios los declararon reyes de Castilla.

LA TOMA DE GRANADA EL 2 DE ENERO DE 1492.

A partir de entonces, una guerra civil enfrentó durante dos años a los partidarios de Juana y los de Isabel. Esta última ganó la batalla, convirtiéndose a partir de 1479 en una reina firmemente asentada en el poder. Fernando y ella eran profundamente religiosos, y el Papa Alejandro VI les otorgó el título de Reyes Católicos en 1496. Durante sus 30 años de reinado, su fe y su mano de hierro dieron como resultado la instauración del Tribunal de la Santa Inquisición, la expulsión de los judíos y la toma de Granada, que culminaba la reconquista iniciada siete siglos atrás y lograba la unificación religiosa de la Corona. Los musulmanes fueron definitivamente expulsados de España en enero de 1492, comenzando así una política de expansión que culminó con la unificación del actual territorio español bajo un solo reino. Se le reconoce también el mérito de haber impulsado y protegido un rico legado cultural.

«MADRINA» DEL DESCUBRIMIENTO DE AMÉRICA

El otro gran hito de su reinado fue hacer posible el viaje de Cristóbal Colón que dio lugar al descubrimiento de América en 1492. Isabel creyó en el proyecto del visionario navegante, a pesar de que toda su corte estaba en contra de financiar semejante aventura. Sin embargo, aquella reina tan poderosa no lograba asegurarse la descendencia. Su primera hija, Isabel, murió en el parto de su primer hijo, sus dos hijos varones murieron y la tercera, Juana «La Loca», heredó la corona, pero pronto fue recluida por su propia familia a causa de su supuesta enajenación mental. La cuarta, Catalina, vivió en el exilio como reina de Gales. Tan solo la quinta, María, llegó a tener 10 hijos. Enferma, cansada y preocupada por su incierta sucesión, Isabel se recluyó en el Palacio Real de Medina del Campo. Murió en 1504 y sus restos descansan en la Capilla Real de Granada.

CRONOLOGÍA

1451
Nace el 22 de abril en Madrigal de las Altas Torres (Castilla)

1468
Es nombrada Princesa de Asturias

1469
El 19 de octubre se casa con su primo, Fernando de Aragón

1474
Se autoproclama reina de Castilla en Segovia

1496
Isabel y Fernando reciben el título de Reyes Católicos

1504
Fallece el 26 de noviembre en Medina del Campo

PROTECTORA DE COLÓN, CREYÓ EN UN VIAJE QUE CAMBIÓ EL MUNDO.

ARTEMISIA GENTILESCHI

PINTORA

Artemisia Gentileschi, nacida en 1593 en Roma, fue la primera pintora en cosechar un enorme éxito con su talento. Además, su historia de superación personal la convirtió en un símbolo de la lucha contra la violencia de género, que actualmente sigue siendo muy inspiradora.

LA PINTORA MÁS FAMOSA DE SU SIGLO

Hija del famoso pintor Orazio Gentileschi, heredó el talento artístico de su padre, que le facilitó todos los medios para que estudiara. Eso sí, dentro de casa. A los 17 años, en 1610, pintó su primera obra maestra, «Susana y los viejos». Era su particular versión de un tema mitológico, algo que se consideraba inadecuado para las mujeres. Y mientras que otros pintores varones se habían recreado en una inocente Susana observada sin darse cuenta por dos hombres mayores, ella ponía el foco en el rechazo y el enfado que la joven sentía al verse violentada por aquellas miradas lascivas.

Se diría que fue una obra premonitoria, pues a los 18 años la joven pintora fue violada por su profesor. Este era amigo y colega de su padre, y dado que el acceso a las escuelas de Bellas Artes estaba prohibido para las mujeres, le daba clases privadas. Gentileschi tardó un año en atreverse a denunciar a aquel hombre y llevarlo a juicio. Durante meses, tuvo que enfrentarse a duros interrogatorios y fue acusada de mentir.

En 1612, el violador fue declarado culpable. Pero tan solo le condenaron a unos meses de exilio fuera de Roma, mientras que ella quedó deshonrada y humillada. Su padre corrió a buscarle un marido. El elegido fue Pierantonio, un pintor 10 años mayor que ella que resultó ser un mujeriego aficionado al juego. Juntos, se fueron a Florencia, la ciudad de él. Gentileschi comenzaba así una nueva vida en una ciudad donde no podían alcanzarla los rumores ni los recuerdos, y cambió su apellido por el de Lomi, que pertenecía a un tío suyo también artista que le abrió las puertas de la alta sociedad florentina. Allí conoció a los Médici y a Galileo. Incluso se convirtió en la primera mujer admitida en la Accademia del Disegno.

«SUSANA Y LOS VIEJOS», PINTADA POR ARTEMISIA A LOS DIECISIETE AÑOS, FUE DURANTE MUCHO TIEMPO ATRIBUIDA A SU PADRE.

Su carrera floreció, especializándose en temas bíblicos e históricos protagonizados por mujeres fuertes: Judith matando a Holofernes, Cleopatra suicidándose antes de caer presa de los romanos o Yael clavando un clavo en la cabeza de su enemigo para defender a su familia. Nada que ver con lánguidas damiselas o musas etéreas. Su estilo era barroco, dramático, realista y colorido, y en él se percibe una clara influencia de Caravaggio.En 1620 Artemisia regresó a Roma, donde su fama y prestigio no tenían nada que envidiar al de.sus colegas varones. Se reconciliaba así con sus orígenes y también con su padre, recuperando su apellido. Sin embargo, tanto Orazio como Pierantonio desaparecieron de su vida. Gentileschi, libre de tutela masculina, asumió las riendas de su vida como ya había asumido las de su negocio.

FEMINISTA EN EL SIGLO XVII

Diez años más tarde se trasladó a Nápoles, donde abrió un próspero taller que recibía encargos de toda Europa. Gentilescchi ganó mucho dinero con su trabajo y lo invirtió en proporcionar una buena educación a sus dos hijas, que lograron casarse con miembros de la nobleza. Definitivamente, la que podía haberse quedado toda la vida con el estigma de «deshonrada» se convirtió en todo lo contrario: una mujer fuerte, independiente, inteligente y hábil en los negocios. Su siguiente destino fue Londres, donde acudió en 1638 para ayudar a su padre a decorar un palacio real. Orazio falleció, pero ella se quedó en la ciudad hasta 1641, cuando regresó a su taller de Nápoles. Tras muchos años de éxito, su estilo había pasado de moda, aunque ella siguió pintando.

SE ESPECIALIZÓ EN PINTAR MUJERES FUERTES, VALIENTES Y DECIDIDAS A DEFENDERSE DE LA VIOLENCIA MASCULINA.

Al morir, en 1653, muchos la olvidaron o atribuyeron sus obras a su padre o a Caravaggio. Tuvo que llegar el siglo XX para que el movimiento feminista convirtiera a Gentileschi en un símbolo de la lucha de género, despertando así de nuevo el interés por sus retratos de lo que hoy llamaríamos «mujeres empoderadas».

EN EL JUICIO TRAS SU VIOLACIÓN, QUE DURÓ SIETE MESES, FUE SOMETIDA A TORTURAS PARA COMPROBAR SI DECÍA LA VERDAD.

CRONOLOGÍA

1593
Nace en Roma
el 8 de julio
1610
Pinta su primera
gran obra de éxito,
«Susana y los viejos»
1611
Es violada a los 18 años
por su profesor
privado de pintura
1630
Abre su taller en Nápoles,
recibiendo encargos
de toda Europa
1638
Viaja a Londres
1653-1654
Fallece en Nápoles
(fecha aproximada)

EN SUS PINTURAS NO ACEPTÓ LOS MODELOS ESTABLECIDOS DE FEMINIDAD DE SU ÉPOCA Y PROPUSO OTROS NUEVOS.

SOR JUANA INÉS DE LA CRUZ

MONJA Y ESCRITORA

Sor Juana Inés de la Cruz, nacida Juana Inés de Asbaje y Ramírez en 1648, es una de las grandes figuras del Siglo de Oro de la literatura en español, y una carismática personalidad que defendió la libertad de las mujeres en la sociedad mexicana del siglo XVII.

POETA BARROCA Y FEMINISTA

Nacida en San Miguel Nepantla (estado de México), fue hija ilegítima de un capitán de origen vasco y una criolla y desde muy niña demostró poseer una inteligencia privilegiada. Su sueño era estudiar en la Universidad de Ciudad de México, a donde estaba dispuesta a acudir vestida de hombre si hacía falta, pero no se lo permitieron. Así que se dedicó a devorar los libros de la biblioteca de su abuelo. Cuando este murió, Juana fue enviada a la ciudad con una hermana y allí aprendió latín en 20 lecciones. Sus ansias de conocimiento eran tales que se ponía plazos para aprender cosas nuevas. Si no lo lograba, se cortaba el cabello y fijaba una nueva fecha.

Con 16 años entró a formar parte de la corte de los virreyes de Mancera, como dama de compañía de la virreina. Aunque era muy apreciada en la corte, en 1667 ingresó en un convento de carmelitas descalzas, aunque dos años después se trasladó a otro de la Orden de San Jerónimo, del que ya no saldría. Abundan los testimonios que aseguran que no lo hizo por vocación religiosa, sino por el ardiente deseo de mantenerse libre, independiente y entregada a sus grandes pasiones: el estudio y la escritura. En aquella época, hacerse monja era la única manera segura de escapar de una vida dedicada al hogar y la familia. Ya con el nombre de Sor Juana Inés de la Cruz, convirtió su modesta celda en una ventana al mundo que albergaba miles de libros, así como instrumentos musicales y de cálculo. Fue también centro de reunión de otros intelectuales y de amigos tan influyentes como los virreyes. Era una monja diferente, incomprendida por sus compañeras, que la interrumpían continuamente sin comprender por qué Juana leía tanto.

«LOS RATOS QUE DESTINO A MI ESTUDIO SON LOS QUE SOBRAN DE LO REGULAR A LA COMUNIDAD, ESOS MISMOS LES SOBRAN A LAS OTRAS PARA VENIRME A ESTORBAR».

PROLÍFICA AUTORA

Aunque buena parte de su obra no le sobrevivió, de entre lo que ha perdurado destacan sus poesías, cuyos temas van desde el amor hasta la filosofía. Además, fue autora de obras de teatro y autos sacramentales. Pero quizás lo más interesante de su obra no sea la ficción, sino los ensayos y cartas en los que expresaba sus lúcidas ideas. Su inteligencia e independencia eran su cruz en aquella represora sociedad, y había muchas personas que la consideraban un elemento peligroso. Era, al fin y al cabo, una mujer que escribía versos como estos: «Hombres necios que acusáis a la mujer sin razón, sin ver que sois la ocasión de lo mismo que culpáis». Aunque Juana siempre contó con el respaldo de los virreyes, su mayor enfrentamiento tuvo lugar con el obispo de Puebla, que en 1690 le escribió bajo el seudónimo de Sor Filotea de la Cruz para recomendarle que se limitara a la vida religiosa y dejara a los hombres la tarea de pensar y escribir. Ella replicó con la «La Respuesta a sor Filotea de la Cruz», donde ratificaba sus ideas feministas: «Uno puede perfectamente filosofar mientras se cocina la cena», escribió.

LA VIDA RELIGIOSA ERA EL ÚNICO CAMINO PARA EL ESTUDIO.

Sin embargo, tras este enfrentamiento algo cambió en ella. Tal vez estaba cansada de las continuas críticas que recibía. O quizás en algún momento se despertó su misticismo. En cualquier caso, en 1692 vendió todo lo que tenía, destinando el dinero a obras de caridad, y se entregó por completo a la vida religiosa. Cuando la epidemia de cólera que hizo estragos en el país llegó al convento, corrió a cuidar a las religiosas que enfermaban. También ella se contagió, muriendo en 1695, a los 46 años.

EN SUS TEXTOS, DEFENDIÓ EL DERECHO DE LAS MUJERES A LA EDUCACIÓN Y EL ACCESO AL CONOCIMIENTO.

Hoy en día se considera su obra uno de los grandes exponentes de la poesía del Barroco, además de ser una mujer adelantada a su época. Su figura fue reivindicada en 1982 por Octavio Paz, en su ensayo «Sor Juana Inés de la Cruz o las trampas de la fe».

ESCAPÓ DEL MATRIMONIO Y LA VIDA FAMILIAR IMPUESTA A LAS MUJERES DE SU ÉPOCA HACIÉNDOSE RELIGIOSA.

CRONOLOGÍA

1648
Nace en San Miguel de Nepantla (México) el 12 de noviembre
1669
Ingresa en un convento de la Orden de San Jerónimo, donde vive y escribe hasta su muerte
1690
El obispo de Puebla la critica públicamente
1692
Vende su biblioteca y se entrega a la vida religiosa, abandonando la intelectual
1695
Muere el 17 de abril en Ciudad de México

«VIVIR SOLA… NO TENER OCUPACIÓN ALGUNA OBLIGATORIA QUE EMBARAZASE LA LIBERTAD DE MI ESTUDIO, NI RUMOR DE COMUNIDAD QUE IMPIDIESE EL SOSEGADO SILENCIO DE MIS LIBROS».

GRAN FIGURA DE LA LITERATURA EN CASTELLANO.

«NO DESEO QUE LAS MUJERES TENGAN PODER
SOBRE LOS HOMBRES, SINO SOBRE ELLAS MISMAS».

MARY WOLLSTONECRAFT
FILÓSOFA Y ESCRITORA

Nacida en Londres en 1759, Wollstonecraft logró la proeza de convertirse, en su época, en escritora independiente. Suyo es el revolucionario ensayo «Vindicación de los derechos de la mujer» (1792), que establece las bases del feminismo moderno al reivindicar la necesidad de facilitar a las mujeres la misma educación que a los hombres.

TEÓRICA DEL FEMINISMO

Wollstonecraft tuvo que trabajar desde muy joven después de que su padre, un hombre violento, dilapidara la herencia familiar que les hubiera permitido vivir con holgura. Así, desempeñó los oficios femeninos típicos de su época: fue costurera, institutriz y señorita de compañía. Pero ella nunca quiso conformarse con ese tipo de vida, que era el que todos esperaban de una mujer soltera de su clase social. Muy al contrario, pretendía utilizar su inteligencia, cultura y determinación para ganarse la vida como escritora. «Voy a ser la primera de una nueva especie. Tiemblo al pensar en el intento», le escribió en una carta a su hermana. Y lo consiguió. Fue aceptada en el círculo literario de Londres, y se ganó la vida escribiendo novelas, cuentos, ensayos y un libro de literatura infantil. No fue la primera escritora profesional de la historia, pero sí una de las pioneras.

Pero Mary Wollstonecraft ha pasado a la historia, sobre todo, como una de las figuras capitales del feminismo moderno. Su obra más conocida es «Vindicación de los derechos de la mujer», publicada en

«QUE MI PROPIO SEXO ME DISCULPE SI TRATO A LAS MUJERES COMO CRIATURAS RACIONALES EN VEZ DE HACER GALA DE SUS GRACIAS FASCINANTES Y CONSIDERARLAS COMO SI SE ENCONTRARAN EN UN ESTADO DE INFANCIA PERPETUA, INCAPACES DE VALERSE POR SÍ SOLAS».

CRONOLOGÍA

1759
Nace el 7 de abril
en Londres (Reino Unido)
1788
Publica su único libro
de literatura infantil,
«Relatos originales
de la vida real»
1792
Viaja a París y publica
«Vindicación de los
derechos de la mujer»
1794
Nace su primera hija,
Fanny, de su relación con
Gilbert Imlay
1796
Publica su libro de viajes
«Cartas escritas en Suecia,
Noruega y Dinamarca»
1797
Se casa con William Godwin
el 29 de marzo. El 30 de
agosto, nace su segunda
hija, Mary Shelley. Muere
el 10 de septiembre de una
septicemia

SE DECLARÓ A SÍ MISMA
«LA PRIMERA DE UN NUEVO
GÉNERO».

1792. Se trata de una encarnizada defensa de la educación de las mujeres, que la autora consideraba imprescindible, no solo para la liberación femenina, sino para el bienestar y el progreso de toda la sociedad: «Si no se la prepara con la educación para que se convierta en la compañera del hombre, la mujer detendrá el progreso del conocimiento y la virtud». Las mujeres, decía, no son en modo alguno inferiores a los hombres. Pero ellos las recluían en el hogar, permitiéndoles tan solo dedicarse a la familia, hacer las tareas domésticas y arreglarse para estar bellas. Era, pues, necesario que los hombres comenzaran a ver y a tratar a las mujeres como sus iguales y compañeras. Este ensayo se convirtió en uno de los pilares teóricos del feminismo moderno.

«COMO DESDE LA INFANCIA SE LES ENSEÑA QUE LA BELLEZA ES EL CENTRO DE LA MUJER, LA MENTE SE ADAPTA AL CUERPO Y, VAGANDO POR SU JAULA DORADA, SOLO BUSCA ADORAR SU PRISIÓN».

La muy racional Wollstonecraft se marchó a París en 1792, segura de encontrar un terreno abonado para plantar sus ideas feministas. Sin embargo, la pasión se cruzó en su camino. Conoció a un aventurero americano llamado Gilbert Imlay, y se quedó embarazada sin haberse casado. Además, tras la ejecución del último rey francés Luis XVI, y la declaración de guerra por parte de Inglaterra, se vio obligada a volver a su país para no acabar en la guillotina. Regresó con su hija ilegítima, sin que su amante quisiera saber nada de ellas. Desesperada, trató de suicidarse.

Sin embargo, las heridas sanaron y un nuevo amor entró en su vida, el político y escritor William Godwin, precursor del pensamiento anarquista. De nuevo, ella se quedó embarazada y esta vez la pareja contrajo matrimonio, aunque vivían en casas separadas. Tenía tan solo 38 años cuando, en 1797, Wollstonecraft murió al dar a luz a su segunda hija. Esta pequeña se convirtió con el tiempo en una escritora tanto o más famosa que su madre. Se trata de Mary Wollstonecraft Shelley (1797-1851), famosísima por su novela «Frankenstein o el moderno Prometeo»

(1818) y esposa del poeta romántico Percy Bysshe Shelley. Tras su muerte, su esposo publicó su novela «María o las injusticias que sufre la mujer», donde relata los pormenores de las vidas de una mujer de clase media y otra trabajadora. Pero también publicó una biografía de su esposa que daba toda clase de detalles de su vida personal. Entre ellos el romance de su esposa con Imlay, dando a conocer las apasionadas cartas que le había escrito cuando estaba desesperada por volver con él. Así, la opinión pública se formó una imagen negativa de Wollstonecraft, viéndola como una madre soltera de dudosa moral, y olvidando injustamente su aportación intelectual. La intención de Godwin era honrar su memoria, pues era un hombre enamorado que escribió sobre su esposa «creo firmemente que no existe en el mundo nadie que se pueda comparar a ella», pero logró el efecto contrario.

Tuvo que llegar el siglo xx y el reconocimiento de otras escritoras como Virginia Woolf para que la figura de Wollstonecraft fuera rescatada del olvido y valorada por su trabajo y sus ideas. Desde entonces, los movimientos feministas hicieron suyas sus palabras en defensa de los derechos de la mujer.

PIONERA FEMINISTA, SU APASIONADA DEFENSA DE LOS DERECHOS DE LA MUJER FUE TAMBIÉN MOTIVO DE ESCÁNDALO EN SU ÉPOCA.

«EL MATRIMONIO NUNCA SE CONSERVARÁ COMO ALGO SAGRADO HASTA QUE LAS MUJERES, AL SER CRIADAS CON LOS HOMBRES, ESTÉN PREPARADAS PARA SER SUS COMPAÑERAS EN LUGAR DE SUS CONCUBINAS».

OLYMPE DE GOUGES, LA PIONERA FRANCESA

Marie Gouze (1748- 1793) fue una escritora y filósofa política francesa que pasó a la Historia como Olympe de Gouges, y cuyo pensamiento y obra discurren paralelos a los de Wollstonecraft. «Mujeres, despertad. Reconoced vuestros derechos. ¿Cuándo dejaréis de estar ciegas? ¿Qué ventajas habéis obtenido de la Revolución?», escribió en 1791 en su «Declaración de los Derechos de la Mujer y de la Ciudadana», primer manifiesto reivindicativo sobre los derechos de la mujer. Aunque apenas le enseñaron a leer y escribir, esta brava revolucionaria reclamó el derecho al divorcio, el reconocimiento de los hijos naturales o la creación de centros de acogida para mujeres. Fue pionera en reclamar la abolición de la esclavitud e impuestos elevados para los más ricos. Ni siquiera se calló cuando la metieron en la cárcel y fue decapitada en 1793.

«LAS MUJERES SOLO DEBEN DOBLEGARSE A LA AUTORIDAD DE LA RAZÓN, EN LUGAR DE SER LAS MODESTAS ESCLAVAS DE LA OPINIÓN».

JANE AUSTEN
ESCRITORA

Nacida el 16 de diciembre de 1775 en el condado inglés de Hampshire, Jane Austen creció en una feliz familia numerosa. Apasionada por la lectura y la escritura desde niña, recibió una rudimentaria educación, aunque su padre, clérigo y tutor, puso a su alcance la nutrida biblioteca familiar. A los Austen les gustaba organizar funciones teatrales caseras, muchas de ellas concebidas por la prometedora escritora.

AUTORA PRECOZ Y MODERNA

Con solo 14 años, Austen escribió una novela epistolar y antes de los 25 ya había escrito las primeras versiones de sus futuros éxitos, pero ningún editor quiso publicarlos, pues la joven no tenía fortuna ni contactos en el mundo literario. Su destino debía ser el matrimonio…

La familia pasó unos años en la ciudad de Bath, pero la joven novelista no recobró la inspiración hasta regresar a su querida campiña tras la muerte de su padre, cuando ella, su hermana y su madre quedaron a la merced de sus hermanos varones y únicos herederos. De vuelta en Hampshire, Austen llevó una vida tranquila y provinciana que le permitió retomar sus viejos manuscritos. Escribía sin descanso, aunque acordó con su familia no arreglar una puerta que chirriaba para que, si llegaba una visita, pudiera esconder el papel y la pluma y sacar sus labores.

Austen tuvo un amor juvenil, pero los padres de él impidieron la boda porque la escritora carecía de dote. Más tarde, a los 27 años, se prometió con el hermano de unas amigas, pero a la mañana siguiente se retractó. Aunque nadie lo entendió en su época, no quería casarse sin amor. Prefirió ser soltera y libre para escribir.

«NO PODRÍA SER FELIZ CON UN HOMBRE CUYO GUSTO NO COINCIDIERA PUNTO POR PUNTO CON EL MÍO. ÉL DEBE PENETRAR TODOS MIS SENTIMIENTOS; A AMBOS NOS DEBEN ENCANTAR LOS MISMOS LIBROS, LA MISMA MÚSICA»

Jane Austen

CRONOLOGÍA

1775
Nace en Stevenson,
Gran Bretaña
1811
Publica «Sentido
y sensibilidad»
1813
Publica
«Orgullo y prejuicio»
1814
Publica «Mansfield Park»
1815
Publica «Emma»
1817
Fallece el 18 de julio
de 1817 en Winchester
1818
Publicación póstuma
de «La abadía de
Northanger»
y «Persuasión».

SU LITERATURA REVELA LO
COTIDIANO CON DETALLE,
MOSTRANDO ASÍ LA SOCIEDAD
EN LA QUE VIVÍA.
«VIVIMOS EN CASA, QUIETAS,
RETRAÍDAS, Y NUESTROS
SENTIMIENTOS NOS
AVASALLAN».

«UNA DAMA» MISTERIOSA ADORADA POR LOS LECTORES

Así, decidió tratar de volver a publicar sus novelas y, con el apoyo de su hermano Henry, logró que un editor quisiera publicar «Sentido y sensibilidad». Pero fue a condición de que ella corriera con los gastos. Apareció en 1811 firmado como «Una dama» y fue un éxito inmediato. En 1813 vio la luz la versión definitiva de «Orgullo y prejuicio», su obra más famosa.

TARDÓ MÁS DE UNA DÉCADA EN PODER PUBLICAR LAS NOVELAS QUE HABÍA ESCRITO ANTES DE LOS 25 AÑOS.

Todo el mundo quería saber quién era esa «dama» cuyas novelas cautivaron a miles de lectores y le proporcionaron a Austen unos ingresos propios. Salió del anonimato en 1814 con «Mansfield Park». Dos años más tarde publicó «Emma». Austen era feliz al ver su talento por fin reconocido, pero una debilitante enfermedad se la llevó de forma prematura a los 41 años. Tras su muerte se publicaron «Persuasión» y «La abadía de Northanger», y se hallaron varios manuscritos más.

A PESAR DE VIVIR COMPLETAMENTE AISLADA, AUSTEN ES UNA DE LAS ESCRITORAS QUE MÁS INFLUENCIA HAN TENIDO EN LA LITERATURA POSTERIOR.

Sus novelas están ambientadas en el mundo de la burguesía rural inglesa que ella conocía tan bien. Hablan de jovencitas que anhelan encontrar marido, pero lo que capta la atención del lector es la mirada aguda e irónica de la autora, una sutil observadora del entorno cotidiano, los detalles y la psicología humana. Austen es un clásico, pero escribe con ligereza, dotando a sus novelas de un ritmo y frescura que siguen siendo modernas dos siglos después y han influido en el estilo de muchas autoras actuales. Por ejemplo, «El diario de Bridget Jones» de Helen Fielding es una versión libre de «Orgullo y prejuicio».

Su familia no añadió su oficio de escritora al grabar la inscripción de su tumba, aunque luego rectificó. Su propio sobrino escribió una biografía donde la retrataba como una escritora aficionada que se avergonzaba por dedicarse a tareas «impropias» de una mujer. Como más tarde escribió Virginia Woolf en «Una habitación propia», «Si algo sufrió Jane Austen por sus circunstancias fue por la estrechez de vida que le impusieron. Una mujer no podía salir sola. Nunca viajó; nunca anduvo en un ómnibus por Londres, ni almorzó sola en una tienda».

«SI TE AMASE MENOS, SERÍA CAPAZ DE HABLAR MENOS SOBRE ELLO».

«NO HAY NINGÚN ENCANTO QUE IGUALE LA TERNURA DEL CORAZÓN».

«LA VANIDAD Y ORGULLO SON COSAS DIFERENTES, AUNQUE LAS PALABRAS SE USAN DE FORMA SINÓNIMA A MENUDO. UNA PERSONA PUEDE SER ORGULLOSA SIN SER VANIDOSA. EL ORGULLO SE RELACIONA MÁS CON NUESTRA OPINIÓN DE NOSOTROS MISMOS: LA VANIDAD, CON LO QUE NOS GUSTARÍA QUE OTROS PENSASEN DE NOSOTROS.»

AUSTEN Y LAS BRÖNTE, VIDAS PARALELAS

La historia de Jane Austen mantiene fuertes paralelismos con la de las también inglesas hermanas Brönte, nacidas entre 1816 y 1820. Como ella, Emily, Charlotte y Anne eran hijas de un clérigo y apenas salieron de su pequeño mundo en la oscura región de Yorkshire.

Sin embargo, concibieron novelas con gran carga dramática y profundidad psicológica que fueron publicadas bajo seudónimo masculino. Aunque el reconocimiento tardó en llegar, hoy en día «Cumbres Borrascosas», de Emily, y «Jane Eyre», de Charlotte, se consideran clásicos de la literatura. Al igual que su predecesora, las Brönte murieron jóvenes.

CHARLOTTE BRONTË FUE UNA NOVELISTA INGLESA, HERMANA DE LAS TAMBIÉN ESCRITORAS ANNE Y EMILY BRONTË.

★ FLORA TRISTÁN ★

ESCRITORA Y ACTIVISTA

Su condición de hija ilegítima, mujer maltratada y esposa separada hicieron de Flora Tristán, nacida en París en 1803, una férrea defensora de la lucha por los derechos de las mujeres y del proletariado.

LUCHADORA POR LOS DERECHOS DE LA MUJER

De padre peruano y madre francesa, su primera infancia se vio envuelta en lujos, cariño y bienestar. Pero su padre, un aristócrata que nunca la reconoció, murió cuando ella tenía cuatro años, dejándola desprotegida en su condición de hija ilegítima. Por consiguiente, no pudo heredar y su madre y ella se vieron obligadas a trabajar duramente para poder sobrevivir. A los 17 años, Tristán se empleó en un taller de litografía y se casó con el propietario del taller, André Chazal, ansiando salir de aquella pobreza demoledora que ya duraba muchos años. Con este hombre tuvo tres hijos, uno de los cuales murió, y nunca fue feliz. Él la maltrataba y Tristán, lejos de aceptarlo o resignarse, huyó con sus pequeños a los 22 años. Ahora no solo era hija ilegítima, sino también esposa separada, cuando el divorcio no existía. Una paria, según sus propias palabras.

«TODAS LAS DESGRACIAS DEL MUNDO PROVIENEN DEL OLVIDO Y EL DESPRECIO QUE HASTA HOY SE HA HECHO DE LOS DERECHOS NATURALES E IMPRESCINDIBLES DE SER MUJER».

Chazal logró arrebatarle la custodia de su hijo, mientras que Tristán pudo quedarse con su hija Aline (que luego se convertiría en la madre del famoso pintor Paul Gauguin). En busca de apoyo familiar y un futuro para ella y su niña, huyó a Perú. Pero no logró ayuda de sus parientes ni pudo arañar una sola moneda de la herencia de su padre, en poder legal del hermano de este. Tristán relató estas experiencias por escrito en su libro «Peregrinaciones de una paria», antes de emigrar de nuevo con Aline. Esta vez, a Londres. Allí tampoco encontró la prosperidad. Las condiciones de vida de la clase obrera eran durísimas, y de nuevo Tristán utilizó la escritura para contar su experiencia y denunciar las injusticias sociales que veía a su alrededor en el libro «Paseos en Londres».

De regreso a Francia, logró la separación legal y la custodia de sus hijos tras una batalla legal de 12 años. Su ex marido, que seguía obsesionado con ella, llegó a dispararla en 1838 en plena calle. Por fin se hizo cierta justicia cuando Chazal fue condenado a 20 años de trabajos forzosos por intento de asesinato y de violación de su propia hija.

DEFENSORA DEL SOCIALISMO

En 1840 publicó «La Unión Obrera», donde abogaba por la unidad universal de los trabajadores. Fue ella quien creó la consigna «Proletarios del mundo, uníos», que se suele atribuir a Karl Marx. Sin embargo, este reconoció a Tristán como una «precursora de altos ideales nobles», y estudió detenidamente sus libros. Tristán, convertida en la primera mujer en defender públicamente el socialismo y los derechos de los proletarios, no concebía dicha lucha si no iba acompañada de la emancipación femenina. Tras su muerte, se publicó en 1846 su obra «Emancipación de la mujer», en la que reclamaba para las mujeres el mismo acceso a la educación que los hombres y una situación más igualitaria dentro del matrimonio. Mantenía así la misma línea de pensamiento que otras pioneras del feminismo, como Mary Wollstonecraft y Olympe de Gouges, aunque aportando una clara conciencia social que daría lugar a la corriente llamada feminismo marxista. Posteriormente, en los años 60 y 70 del siglo XX, su obra fue ampliamente reivindicada por el movimiento feminista.

Todo comenzaba con las desigualdades económicas, denunciaba Tristán. A las niñas de las clases inferiores se les negaba la educación porque se las utilizaba para las tareas domésticas. Después, pasaban a ser aprendizas explotadas por sus patrones. La dureza de sus condiciones de vida, sumadas a su falta de educación y al dominio que ejercían los hombres sobre ellas, convertían a las mujeres en seres embrutecidos. Las mujeres de las clases adineradas, recalcaba, no tenían tantos problemas porque vivían rodeadas de sirvientes y medios económicos. Para Tristán, la clave estaba en permitir el acceso a la educación de las mujeres.

Sin embargo, murió prematuramente sin poder recoger los frutos de su incansable lucha. Con solo 41 años, falleció víctima del tifus en Burdeos. La semilla, sin embargo, había sido firmemente plantada.

«PROLETARIOS DEL MUNDO, UNÍOS», NO ES DE MARX, SINO DE FLORA TRISTÁN.

KARL MARX

CRONOLOGÍA

1803
Nace en París (Francia) el 7 de abril
1838
Su ex marido trata de asesinarla a tiros en plena calle
1840
Publica «La Unión Obrera»
1844
Fallece en Burdeos el 14 de noviembre
1846
Se publica su obra póstuma «Emancipación de la mujer»

SU COHERENCIA AL UNIR LA EMANCIPACIÓN DE LOS TRABAJADORES CON LA DE LA MUJER FUE UNA IDEA REVOLUCIONARIA.

SU «EMANCIPACIÓN DE LA MUJER» ES PRECURSORA DEL MOVIMIENTO FEMINISTA.

ADA LOVELACE

$E=mc^2$

MATEMÁTICA Y PROGRAMADORA INFORMÁTICA

Ada Lovelace, nacida en Londres en 1815, fue una matemática y escritora británica que creó el primer algoritmo destinado a ser procesado por una máquina, por lo que está considerada la primera programadora informática de la historia.

PIONERA DE LA PROGRAMACIÓN INFORMÁTICA

Nacida como Augusta Ada Byron, era hija del gran poeta Lord Byron y Annabella Milbanke. Si su padre derrochaba personalidad, la madre no le iba a la zaga. Apodada «la Medea informática» por su marido, fue una mujer liberada que transmitió a su hija el amor por las matemáticas y que dejó a su esposo cuando Ada era solo un bebé.

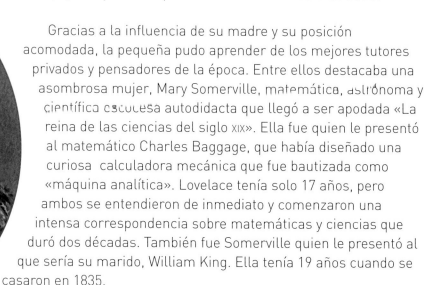

Gracias a la influencia de su madre y su posición acomodada, la pequeña pudo aprender de los mejores tutores privados y pensadores de la época. Entre ellos destacaba una asombrosa mujer, Mary Somerville, matemática, astrónoma y científica escocesa autodidacta que llegó a ser apodada «La reina de las ciencias del siglo XIX». Ella fue quien le presentó al matemático Charles Baggage, que había diseñado una curiosa calculadora mecánica que fue bautizada como «máquina analítica». Lovelace tenía solo 17 años, pero ambos se entendieron de inmediato y comenzaron una intensa correspondencia sobre matemáticas y ciencias que duró dos décadas. También fue Somerville quien le presentó al que sería su marido, William King. Ella tenía 19 años cuando se casaron en 1835.

«LAS MATEMÁTICAS CONSTITUYEN EL ÚNICO LENGUAJE POR MEDIO DEL CUAL PODEMOS EXPRESAR DE FORMA ADECUADA LOS GRANDES HECHOS DEL MUNDO NATURAL».

Este matrimonio la convirtió en condesa de Lovelace y madre de tres hijos, pero no hizo que se olvidara de su pasión por las matemáticas. En una carta a Somerville le contaba: «Estoy leyendo textos matemáticos todos los días... Así que, como verás, este matrimonio no me ha quitado en lo más mínimo el gusto por estas actividades ni la determinación para continuar trabajando en ellas». Fue en 1843 cuando Lovelace realizó su aportación más relevante. Su amigo Babbage dio un seminario en Italia, cuyo contenido fue puesto por escrito. Lovelace se encargó de traducirlo al inglés en un artículo al cual ella añadió sus propias ideas, bajo el título de «Notas». En una de ellas describió el primer algoritmo específicamente apto para ser implementado en una computadora. También visualizó un futuro en el que las computadoras podrían realizar análisis más rápidos y certeros que los seres humanos. «Un lenguaje nuevo, vasto y poderoso se está desarrollando para el uso futuro del análisis, en el cual se pueden introducir sus principios con el fin de que tengan una aplicación práctica más veloz y precisa al servicio de la humanidad», pronosticó. Incluso llego a adivinar que algún día los ordenadores podrían componer música y pensar. Por desgracia, la joven visionaria no tuvo mucho tiempo de desplegar su talento. Murió en 1852 a los 36 años, tras una larga agonía provocada por un cáncer de útero.

UNA SAGA CON CARISMA

George Byron, el padre de Ada Lovelace, fue el poeta más célebre del romanticismo, y un personaje de arrebatador encanto que destacó por su vida hedonista y excesiva, sus apasionados amores y sus viajes por toda Europa. En Grecia se le considera un héroe nacional desde que se unió a la lucha por la independencia del país frente a Imperio Otomano. Murió cuando su hija tenía ocho años. Ella apenas le conoció personalmente, pero desde luego no fue ajena a su magnética estela. Lovelace se consideraba a sí misma una «analista metafísica» que escribía sobre «ciencia poética» con un lenguaje apasionado y más cercano al de la poesía de su padre que al de un frío texto matemático. Cuentan que su último deseo antes de morir a los 36 años, como Byron, fue ser enterrada junto a él.

No menos célebre fue su hija, Lady Anne Blunt. Nacida en 1837, fue una artista talentosa y una gran amazona apasionada por las culturas exóticas. Junto a su esposo, diplomático y poeta, viajó por África y Oriente. Bien lejos de la Inglaterra victoriana, la pareja compartió la vida nómada de los beduinos y viajó a lugares tan bellos como remotos, convirtiéndose Anne en la primera mujer occidental que entró en un harén. De vuelta a su país, narró sus aventuras en apasionados diarios de viaje ilustrados con sus propias acuarelas.

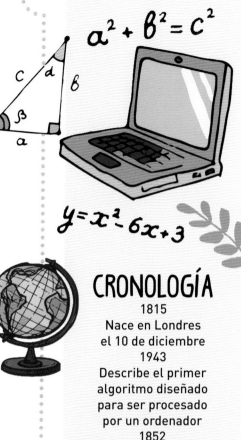

$$a^2 + B^2 = c^2$$

$$y = x^2 - 6x + 3$$

CRONOLOGÍA

1815
Nace en Londres
el 10 de diciembre
1943
Describe el primer
algoritmo diseñado
para ser procesado
por un ordenador
1852
Muere el 27 de noviembre
en Londres

ERA HIJA DEL POETA LORD BYRON, PERO QUIEN DE VERDAD INFLUYÓ EN ELLA FUE SU MADRE, ANNABELLA MILBANKE.

FLORENCE NIGHTINGALE

ENFERMERA Y ESTADÍSTICA

Llegó al mundo en 1820 en Florencia, ciudad que le dio el nombre, mientras sus millonarios padres viajaban por Europa. Al regresar a su país, Inglaterra, su padre le enseñó filosofía y lenguas modernas, como correspondía a una dama de la clase alta británica. Solo que ella tenía sus propios planes.

CREADORA DE LA ENFERMERÍA MODERNA

Su primera pasión fue la estadística. No era precisamente ese el objetivo de sus padres, que querían educar su gusto artístico y sus modales en sociedad para que pudiera casarse bien. Pero, a sus 17 años, les informó de que Dios le había encomendado la misión de dedicar su vida a cuidar a los enfermos. En aquella época la enfermería era un acto de caridad o una labor para mujeres de clase baja. Rebelde y con las ideas claras, Nightingale no quería ni oír hablar de llevar una vida de dama victoriana, a las que consideraba «inválidas sociales», como escribió en un ensayo feminista titulado «Cassandra».

En esta época, rechazó una proposición de matrimonio y su padre, al fin, cedió. A los 29 años estudió en Alemania y en 1853 fue nombrada responsable de un hospital de mujeres en Londres. Ese mismo año tuvo lugar un hecho trascendental en su vida. El secretario de Estado en Guerra, viejo amigo suyo, le encargó acudir con 38 enfermeras voluntarias al hospital militar de Scutari, en Turquía, para atender a los miles de soldados británicos heridos en la Guerra de Crimea. Era la primera vez que se permitía a las mujeres servir oficialmente en el ejército.

Nightingale y sus colegas se encontraron un panorama desolador. Los soldados enfermos se hallaban hacinados entre heces y suciedad, ya que el hospital se había construido sobre una cloaca. Ella ordenó limpiar a fondo el lugar, pues tenía la teoría de que la falta de higiene era una de las principales causas de muchas enfermedades. Esto, que hoy en día tenemos totalmente

«LA OBSERVACIÓN INDICA CÓMO ESTÁ EL PACIENTE, LA REFLEXIÓN INDICA QUÉ HAY QUE HACER, LA DESTREZA PRÁCTICA INDICA CÓMO HAY QUE HACERLO. LA FORMACIÓN Y LA EXPERIENCIA SON NECESARIAS PARA SABER CÓMO OBSERVAR Y QUÉ OBSERVAR; CÓMO PENSAR Y QUÉ PENSAR».

Florence Nightingale

asumido, se desconocía por completo en su época. Ni siquiera los médicos se lavaban las manos antes de atender a los enfermos.

UNA SALA DEL HOSPITAL DE SCUTARI DONDE NIGHTINGALE TRABAJÓ, DE UNA LITOGRAFÍA DE 1856.

Cuando terminaba de curar heridas, Nightingale tomaba datos sobre los detalles de cada fallecimiento y cómo descendían las muertes a medida que mejoraba la higiene. Con ayuda de dos importantes estadistas, creó un sencillo esquema conocido como «el diagrama de la rosa» donde revelaba que la inmensa mayoría de fallecimientos no se debieron a las heridas de guerra, sino a enfermedades contagiosas evitables con una rigurosa higiene. Gracias a este trabajo, el gobierno creó departamentos de medicina, ciencia sanitaria y estadística en el ejército. Pero Nightingale quería ayudar a todo el mundo, y no solo a los soldados. En 1859 publicó sus libros «Notas sobre enfermería» y «Notas sobre hospitales», en los que explicaba cómo cuidar correctamente a los enfermos en los hospitales o en casa.

En 1869 fundó una escuela de enfermería en el Hospital Saint Thomas de Londres. Esta se convertía así en una carrera laica y respetable, además de en un servicio público de incalculable valor. Los hospitales hicieron de la higiene una prioridad básica, y se considera que el trabajo de Nightingale fue el precursor del actual servicio nacional de salud. Sirvió también de inspiración para Henri Dunant, fundador de la Cruz Roja. Incluso en India se beneficiaron de sus conocimientos, pues en sus últimos años se dedicó a aportar soluciones para mejorar la atención médica en aquel país. Nightingale murió en 1910, mientras dormía, a los 90 años.

«LA DAMA DE LA LÁMPARA»

Alrededor de Nightingale se creó un aura romántica que a ella no le gustaba nada. Todo comenzó cuando se publicó una foto suya visitando a los soldados en el hospital por la noche, con una lámpara en la mano. La imagen hizo furor y fue estampada en souvenirs, al estilo del merchandising actual. Pero ella quería ayudar y ser útil, que no famosa, y cuando viajaba lo hacía con el nombre de «Miss Smith».

CRONOLOGÍA

1829
Nace en Florencia (Italia) el 12 de mayo
1853
Es nombrada responsable de un hospital de mujeres en Londres
1859
Publica sus libros «Notas sobre enfermería» y «Notas sobre hospitales». Se convierte en la primera mujer admitida en la Royal Statistical Society británica
1869
Funda una escuela de enfermería en el Hospital Saint Thomas de Londres
1907
Es la primera mujer en recibir la Orden de Mérito del Reino Unido
1910
Muere en Londres el 13 de agosto

EL DÍA INTERNACIONAL DE LA ENFERMERÍA SE CELEBRA CADA 12 DE MAYO, LA FECHA DE SU CUMPLEAÑOS.

MARIANNE NORTH

ILUSTRADORA CIENTÍFICA Y VIAJERA

North nació en 1830 en Hastings, Inglaterra y siempre tuvo gran afinidad con su padre, un político acomodado con el que comenzó a viajar en su juventud, tras la muerte de su madre. Cuando él también falleció, North supo que era el momento de hacer realidad su sueño: emplear su herencia en viajar sola por el mundo para pintar flores y plantas en su entorno natural.

ONCE AÑOS DE VIAJES Y PINTURA

Tenía ya 41 años cuando vendió la propiedad familiar y emprendió lo que parecía una aventura imposible para una dama victoriana soltera de su edad y posición social. Si bien es cierto que en sus destinos contó con una red de apoyo de alto nivel gracias a los contactos que le dejó su padre, ella no buscaba hacer turismo ni relacionarse. Solo quería respirar la naturaleza y trasladar a sus lienzos el colorido y el perfume de aquellas hermosas especies exóticas que anhelaba ver con sus propios ojos.

«HE SOÑADO DURANTE MUCHO TIEMPO CON VIAJAR A PAÍSES TROPICALES PARA PINTAR SU PECULIAR VEGETACIÓN EN MEDIO DE SU EXUBERANTE NATURALEZA».

Su primer destino fue Jamaica, en 1871. Después pasó un año viviendo en una cabaña en la selva brasileña. Como una flor rara en medio de la naturaleza, pintaba incansablemente sin importarle la ausencia de comodidades. Después visitó Canadá, Estados Unidos, Japón, Borneo, Java o India. Al regresar a su país, con todos sus lienzos a cuestas, alquiló una galería para exponer sus obras. Pero era un espacio muy pequeño para una producción colosal que llevaba a Inglaterra por primera vez unas bellezas nunca vistas en la isla. Así que ofreció su trabajo al Real Jardín Botánico de Kew, en Londres, a condición de que le cedieran una galería para ella sola. Aceptaron. Mientras el jardín botánico preparaba la muestra, North viajó a Australia y Nueva Zelanda siguiendo las sugerencias de su amigo Charles Darwin. Allí conectó con otra ilustradora científica y espíritu afín, la australiana Ellis Rowan que, como ella, pasó a la posteridad por su maestría al pintar las flores, pájaros e insectos de su país. En 1882 se inauguró la Galería Marianne North en Kew Gardens, donde ella misma organizó las pinturas, creando un bellísimo tapiz cuya armonía y colorido hizo las delicias de los visitantes. Pero, lejos de dormirse en los laureles a sus ya más de 50 años, se lanzó a conocer África, el continente que le faltaba, y las Islas Seychelles. Su último viaje fue en 1884 a Chile, donde se dio el lujo de pintar «in situ» la araucana imbricada. Cansada ya y con la salud quebrada, regresó a Inglaterra para completar su colección en Kew Gardens. Desde entonces, la sala exhibe 832 lienzos pintados a lo largo de sus 13 años de viajes. Luego se retiró a un pueblecito inglés en Gloucestershire donde murió el 30 de agosto de 1890, no sin antes escribir sus memorias.

CRONOLOGÍA

11830
Nace en
Hastings (Inglaterra),
el 24 de octubre
1871
Emprende su primer viaje.
Jamaica es el destino.
En los 11 años siguientes
visita Brasil, Canadá,
Estados Unidos, Japón,
Borneo, Java o India
1882
Se inaugura la Galería
Marianne North en Kew
Gardens (Londres)
1884
Viaja por última vez,
a Chile
1980
Fallece en Gloucestershire
(Inglaterra),
el 30 de agosto

SU LEGADO CIENTÍFICO

En la época de North, la fotografía aún no era una herramienta común ni permitía captar la realidad con detalle, por lo que el trabajo de dibujar a mano era imprescindible en campos como la botánica. North fue un paso más allá al pintar las plantas y las flores en su hábitat natural, lo que le permitió llegar más lejos que cualquiera de sus colegas. Así, sus obras no solo aportan gran belleza estética, sino que son valiosos documentos científicos. Incluso supo reconocer especies nuevas, y un árbol de las islas Seychelles y cuatro especies de Borneo y Sudáfrica fueron bautizadas con su nombre. Además, pintó paisajes donde mostraba las escenas cotidianas que veía en los pueblos que visitaba, acercando a sus paisanos aquellas vidas tan remotas.

RECUERDOS DE UNA VIDA EXTRAORDINARIA

North relató sus exóticas peripecias vitales en sus propios diarios de viaje, que tituló «Recuerdos de una vida feliz». También escribió «Una visión del Edén», donde describía la dureza de las condiciones en las que pintó sus cuadros, ya fuera bajo calor sofocante, lluvias torrenciales o rodeada de arañas venenosas. Igualmente, su extraordinaria vida fue una de las fuentes de inspiración de la escritora Elizabeth Gilbert para crear el personaje protagonista de su novela «La firma de todas las cosas», inspirada en aquellas bravas mujeres que recorrieron el mundo en expediciones botánicas y que fueron parte fundamental de la única rama de la ciencia que permitió la participación femenina en el siglo XIX.

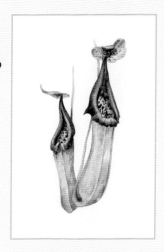

DIBUJÓ TODO TIPO DE ESPECIES VEGETALES CON UN NIVEL DE DETALLE Y UNA CALIDAD INCUESTIONABLE.

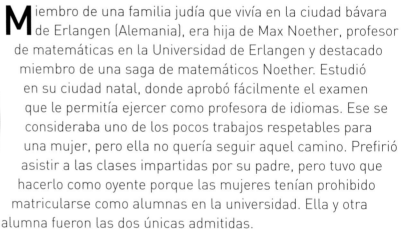

$$s = vt$$

EMMY NOETHER

MATEMÁTICA

$$\pi \qquad (a+b)^2 = a^2 + 2ab + b^2$$

Emmy Noether, nacida en 1882, fue una de las grandes matemáticas de la historia. Su mérito es doble, pues se le negó repetidamente el derecho a estudiar y después el de ejercer la enseñanza por su doble condición de mujer y judía. A pesar de todo, ella no dejó nunca de aprender ni de impartir clases. El teorema que lleva su nombre fue una contribución de esencial importancia para la física.

$$(a-b)^2 = a^2 - 2ab + b^2 \qquad \left(\frac{a}{b}\right)^n = \frac{a^n}{b^n}$$

CREADORA DEL ÁLGEBRA MODERNA

Miembro de una familia judía que vivía en la ciudad bávara de Erlangen (Alemania), era hija de Max Noether, profesor de matemáticas en la Universidad de Erlangen y destacado miembro de una saga de matemáticos Noether. Estudió en su ciudad natal, donde aprobó fácilmente el examen que le permitía ejercer como profesora de idiomas. Ese se consideraba uno de los pocos trabajos respetables para una mujer, pero ella no quería seguir aquel camino. Prefirió asistir a las clases impartidas por su padre, pero tuvo que hacerlo como oyente porque las mujeres tenían prohibido matricularse como alumnas en la universidad. Ella y otra alumna fueron las dos únicas admitidas.

LA EXPULSIÓN DE LOS JUDÍOS DE LOS PUESTOS DE TRABAJO UNIVERSITARIOS POR LOS NAZIS LA OBLIGÓ A EMIGRAR, PERO NUNCA DEJÓ DE ENSEÑAR.

Después asistió, también de forma extraoficial, a la Universidad de Gotinga, donde se especializó en matemáticas. En 1907 presentó su tesis doctoral, que llamó poderosamente la atención de Albert Einstein. Regresó a Erlangen cuando la universidad finalmente abrió sus puertas a las estudiantes, y trabajó como profesora de matemáticas durante siete años, a menudo sustituyendo a su propio padre. Pero lo hizo sin recibir un sueldo a cambio.

En 1915 fue invitada a formar parte del prestigioso departamento de matemáticas de la Universidad de Gotinga. Una vez más se encontró con piedras en el camino. Otros alumnos y profesores protestaron por su nombramiento, y tuvo que pasar cuatro años dando sus clases en nombre de uno de los profesores que la invitaron, el conocido matemático David Hilbert. Finalmente le permitieron impartir sus propias clases, y solo comenzó a cobrar un sueldo en 1923. Ni siquiera se le otorgó el puesto de profesora titular, aunque ella siguió enseñando hasta 1933, convirtiéndose en una de las profesoras más notables de la universidad. Sus alumnos eran conocidos como «los chicos de Noether» y formaron una piña a su alrededor. Lejos de los prejuicios de la mayoría, supieron reconocer y admirar la sabiduría de aquella tenaz docente.

RECONOCIMIENTO Y EXILIO

En 1918, Noether formuló el teorema que recibiría su nombre, debido a la gran importancia que supuso para la física moderna, y que explica los entresijos de la física de partículas elementales y la teoría cuántica de campos. En años posteriores, Noether se trasladó a Rusia para trabajar con científicos de la Universidad Estatal de Moscú. En 1932 recibió junto a Emil Artin el Premio Ackermann-Teubner Memorial por su contribución a las ciencias matemáticas. Por fin disfrutaba de una retribución económica por su trabajo, ya que hasta entonces había dependido de la ayuda familiar para subsistir.

Sin embargo, el ascenso del nazismo al poder en 1933 supuso un nuevo revés. Los judíos fueron expulsados de todos los lugares públicos, así que tuvo que dar clases clandestinas a sus fieles «chicos» en su propia casa. Cuando la situación se hizo insostenible, aceptó una oferta para establecerse en Pensilvania (Estados Unidos), donde siguió investigando en el Instituto de Estudios Avanzados de Princeton y dando clases en el Bryn Mawr College. Por fin disfrutó de una época en la que reinaba la tranquilidad en su vida, aunque no duró demasiado. En 1935, le fue diagnosticado un cáncer que acabó con su vida ese mismo año, a los 53 años. Sus cenizas permanecen en la biblioteca de Brun Mawr.

Tras su muerte, su legado científico fue ampliamente reconocido. Noether ejerció una poderosa influencia en el desarrollo del álgebra moderna, aportando un nuevo enfoque del que los físicos posteriores se beneficiaron enormemente. Quién sabe hasta dónde habría podido llegar si su camino hubiera estado tan despejado como el de sus colegas varones.

ALBERT EINSTEIN LA DESCRIBIÓ COMO «EL GENIO MATEMÁTICO CREATIVO MÁS IMPORTANTE QUE HAYA EXISTIDO DESDE QUE COMENZÓ LA EDUCACIÓN SUPERIOR PARA LAS MUJERES».

CRONOLOGÍA

1882
Nace en Erlangen (Alemania), el día 23 de marzo
1915
Comienza a dar clases en la Universidad de Gotinga
1918
Formula el teorema que lleva su nombre
1933
Por su condición de judía, se exilia a Estados Unidos tras el ascenso al poder de los nazis
1935
Fallece en Pensilvania el día 14 de abril

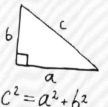

$$c^2 = a^2 + b^2$$

DICEN DEL TEOREMA QUE LLEVA SU NOMBRE, Y QUE INTEGRA EL CONCEPTO DE ARMONÍA A LAS LEYES DE LA FÍSICA, QUE ES EL MÁS HERMOSO DEL MUNDO.

MARY CASSATT
PINTORA

Mary Cassatt, nacida en Estados Unidos en 1844, pasó por encima de los prejuicios de su familia y las convenciones sociales hasta lograr hacer realidad su sueño de establecerse en París y convertirse en una gran pintora impresionista. Además, fue ella quien introdujo esta corriente en su país natal, llevando a sus galerías a los mejores artistas de la época.

LA GRAN PINTORA IMPRESIONISTA

Mary Cassatt vino al mundo en Allegheny City, en Pennsylvania. Era hija de un rico banquero que se oponía a su pasión por el arte. Pero ella fue una niña tenaz que insistió hasta ingresar a los 15 años en la Academia de Bellas Artes de Pennsylvania. Sin embargo, la joven no encajaba allí. Los profesores no la tomaban en serio y el ambiente era poco estimulante. Cassatt no quería convertirse en una pintora vulgar, y decidió dar el salto que realmente anhelaba: viajar a Europa, de donde procedía su familia, y aprender de forma autodidacta observando el trabajo de los grandes maestros.

Gracias a la posición acomodada de la que gozaban los Cassatt, en 1866 pudo partir hacia el Viejo Continente acompañada de su madre y otros parientes. En París, Italia, España u Holanda observó con sus propios ojos las obras maestras que colgaban de los museos, deleitándose con el talento de Rembrandt o Velázquez, y estudió de forma privada con distintos profesores. También encontró inspiración en las estampas japonesas, que le fascinaban.

En el verano de 1870 estalló la guerra franco-prusiana, que la obligó a regresar a Estados Unidos. Su padre la mantenía, pero no le daba dinero para comprar material de pintura. Aun así, Cassatt expuso con buenas críticas en Nueva York y se trasladó a Chicago para intentar vivir de

NACIDA EN ESTADOS UNIDOS, LUCHÓ DESDE NIÑA PARA HACER REALIDAD SU SUEÑO DE CONVERTIRSE EN UNA PINTORA FAMOSA EN SU ADORADA FRANCIA.

CRONOLOGÍA

1844
Nace en Allegheny, Pensilvania (Estados Unidos) el 22 de mayo
1866
Viaja a Europa para aprender observando a los grandes maestros
1886
Introduce a los grandes maestros impresionistas en Estados Unidos con ayuda de un marchante
1904
Recibe la Legión de Honor por sus contribuciones al arte del impresionismo
1926
Muere el 14 de junio de 1926 en el castillo de Beaufresne, París (Francia)

EN PARÍS APRENDIÓ COPIANDO CUADROS DEL MUSEO DEL LOUVRE, PUES LAS ACADEMIAS DE PINTURA NO PERMITÍAN ESTUDIAR A LAS MUJERES.

su pintura, pero un incendio acabó con todos sus cuadros. Era evidente para ella que su destino no estaba en su país natal, donde su arte y su vida no lograban fluir, sino que la aguardaba en aquella Europa que tanto había disfrutado al recorrer.

Así, la artista regresó a Francia, y en 1874 una de sus pinturas fue aceptada por el jurado para ser expuesta en el Salón de París. Al año siguiente descubrió la obra de Edgar Degas, quedando arrebatada por su estilo. Ella también quería encontrar el suyo, pero no lograba hallar plena satisfacción ni el reconocimiento de los críticos.

En 1877, cuando comenzaba a estar tentada de rendirse, el propio Degas la invitó a exponer con otros artistas impresionistas de forma independiente. De ese modo, Cassatt se unió a aquel círculo de pintores entre los que se sintió aceptada, y comenzó a desarrollar su propio estilo. Pronto destacó por sus escenas domésticas y sobre todo, por sus preciosos retratos de madres e hijos, que derrochaban ternura e intimidad y explicaban sin necesidad de palabras el amor maternal que aquella pintora, que nunca se casó ni fue madre, supo captar con su sensibilidad.

RETRATISTA DE LA MATERNIDAD

Este tipo de escenas, que hoy nos parecen de lo más natural, fueron sin embargo motivo de críticas en su época. Era habitual encontrarse cuadros con mujeres desnudas, pero siempre estaban retratadas desde la perspectiva masculina. Las madres y sus niños nunca habían sido protagonistas de los lienzos, a no ser que se tratara de escenas religiosas con la Virgen María y el Niño Jesús. Y por increíble que parezca, muchos se escandalizaron al contemplar la pintura titulada «El baño», en el que una madre asea a su criatura. En su puritano Estados Unidos natal, lo tildaron de «cruel» y «brutal». Sin embargo, Cassatt siguió pintando prolíficamente y con gran éxito, exponiendo a la vez en las mejores galerías de París y Nueva York. Su década más creativa fue la de 1890, convirtiéndose, no solo en una pintora admirada, sino también en una inspiración para otras jóvenes artistas a las que aconsejaba en sus

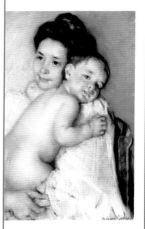

carreras. Paralelamente a su trabajo como pintora, fue también la responsable de introducir el impresionismo en Estados Unidos. En 1886, con ayuda del marchante Charles Durand-Ruel, llevó a su país 300 cuadros de autores como Manet, Monet, Degas o Sisley. Desde entonces, esas obras pueden admirarse en los museos estadounidenses.

A principios del siglo xx, Cassatt comenzó a pintar escenas más convencionales y a trabajar por encargo, perdiendo su espontaneidad y frescura. Ella misma reconoció que solo seguía por dinero. En 1914, enferma de diabetes y reumatismo, tuvo que dejar definitivamente de pintar al quedarse ciega a causa de las cataratas. Sin embargo, apoyó los movimientos sufragistas que pedían el voto femenino, a quienes donó muchos cuadros. Tras muchos años sin sujetar un pincel, Cassatt murió en 1926 en el castillo francés de Beaufresne.

«SOLO HAY UNA COSA EN LA VIDA PARA UNA MUJER, SER MAMÁ... UNA MUJER ARTISTA TIENE QUE SER CAPAZ DE HACER SACRIFICIOS».

UNA DE SUS AMIGAS MÁS ÍNTIMAS FUE LOUISINE HAVEMEYER, LÍDER SUFRAGISTA EN NUEVA YORK.

CUATRO GRANDES DEL IMPRESIONISMO

Además de Mary Cassatt, otras tres pintoras alcanzaron el éxito en la Francia impresionista. Son Berthe Morisot, Eva González y Marie Bracquemond. Todo un logro teniendo en cuenta que la Escuela de Bellas Artes no se dignó aceptar alumnas hasta 1897. Además, no estaba bien visto que las mujeres pintaran al aire libre, razón por la cual muchas artistas se dedicaron a inmortalizar escenas domésticas e íntimas. En sus diarios, Morisot expresó el sentir de todas ellas cuando escribió, en 1890, «no creo que exista un hombre que haya tratado a una mujer como su igual y es todo lo que pedí. Sin embargo, estoy segura que valgo tanto como ellos.» Y eso que ya tenía 49 años y había llegado a ser considerada una de las grandes del Impresionismo junto con su amiga Mary Cassatt.

EDGAR DEGAS

SOBRE EDGAR DEGAS, SU INSPIRACIÓN Y MENTOR: «SOLÍA APLASTAR MI NARIZ CONTRA LAS VENTANAS PARA ABSORBER TODO LO QUE PODÍA DE SU ARTE... CAMBIÓ MI VIDA, DESDE ENTONCES PUDE VER EL ARTE DEL MODO QUE SIEMPRE QUISE VERLO».

MAY FRENCH SHELDON

EDITORA Y EXPLORADORA

Viajera y escritora nacida en 1847, May French Sheldon encontró una llamativa manera de demostrar que las mujeres también podían ser exploradoras: organizó una expedición al Kilimanjaro, un espectacular monte situado en Tanzania (África) y se marchó totalmente sola. Allí se ganó el sobrenombre de la «Reina Blanca del Kilimanjaro».

LA REINA BLANCA DEL KILIMANJARO

Sheldon procedía de Beaven, Pennsylvania (Estados Unidos), donde creció en el seno de una rica familia sureña dueña de numerosas plantaciones. Sus padres, gente culta y emprendedora, la enviaron a Europa a estudiar. En Italia aprendió literatura, historia, geografía y medicina. Tenía 25 años cuando se casó, en 1876, con el banquero Eli Lemon Sheldon, un hombre adelantado a su tiempo, que siempre respetó y alentó las inquietudes intelectuales de su esposa. Instalados en Londres, fundaron una editorial en la que ella trabajó como editora y traductora.

Pero Sheldon estaba hambrienta de experiencias más intensas. Su juventud coincidió con los tiempos gloriosos de las colonias africanas, en los que muchos hombres pusieron en marcha expediciones para explorar aquellas tierras fértiles y exóticas. De hecho, el padre de Sheldon era amigo del más famoso de todos, Henry Morton Stanley. Ella, que había escuchado la narración de sus historias muchas veces, pensó que también podía convertirse en aventurera.

SU OBJETIVO: «SIMPLEMENTE QUERÍA ESTUDIAR LOS HÁBITOS Y COSTUMBRES DE LOS NATIVOS LIBRES DE LA INFLUENCIA DE LA CIVILIZACIÓN».

A pesar, o quizás gracias a, su condición de mujer. Y así, decidió organizar una expedición a África. Quería demostrar que las mujeres también podían participar de aquellas aventuras, y además quería hacerlo a su manera y de forma pacífica. En 1891, dejó a su marido esperándola en Londres y se embarcó rumbo a Mombasa, una de las ciudades más importantes de Kenia. Ya en su destino, se encontró con que los nativos no sabían qué hacer con aquella extravagante mujer que había viajado sola. Tampoco encontró ayuda de las autoridades. Pero finalmente consiguió que cientos de porteadores la acompañaran en su recorrido.

Pronto se ganó la confianza de su equipo gracias al respeto y el trato amable que les profesaba, y ellos la adoraban, llamándola «reina blanca». Formaban un curioso grupo, ella sentada en un palanquín con la bandera americana y los porteadores, cargando con un equipaje, que contenía mucho más que lo básico para sobrevivir en la jungla.

Entre sus pertenencias se contaban una bañera, sillas y mesas, un amplio vestuario y vajilla de porcelana. No se trataba de extravagancias de una rica ociosa, sino que respondía a su propósito de entrar en contacto con aquellas personas radicalmente diferentes a ella a través de la amabilidad y la hospitalidad. Eso incluía ofrecerles deliciosos banquetes en su delicada y lujosa vajilla. También les llevó regalos, sobre todo anillos. El grupo exploró los territorios de los masai y el Kilimanjaro, trabando contacto con más de 30 tribus. Sheldon se presentaba ante sus jefes arreglada con todo esmero para la ocasión. La aventura terminó cuando, de vuelta a Mombasa, un accidente le fracturó la espalda, pero no le impidió regresar a Londres.

Lo hizo cargada con materiales etnográficos y muchas historias apasionantes que contar sobre aquella fascinante zona del lago Chala, entre Kenia y Tanzania. Entusiasmada, organizó una gira de conferencias para compartir sus aventuras. En los años siguientes, emprendió dos expediciones más, que relató en su libro de 1892 «De sultán en sultán».

Su objetivo estaba más que cumplido cuando, también en 1892, fue una de las primeras mujeres en ser admitida como miembro de la Real Sociedad Geográfica por sus estudios sobre el lago Chala. Definitivamente, las mujeres también podían salir de los estrechos confines de la vida doméstica y lanzarse a explorar continentes, con la amabilidad y el respeto bien presentes en el equipaje. Sin embargo, cuando murió en 1936, por desgracia su hazaña estaba bastante olvidada.

ERA CONOCIDA COMO LA REINA BLANCA DEL KILIMANJARO.

CRONOLOGÍA

1847
Nace el 10 de mayo en Bridgewater, Pensilvania (Estados Unidos)

1876
Se casa con Eli Lemon Sheldon y ambos se mudan a Londres, donde fundan una editorial

1891
Mientras su marido la espera en casa, emprende su expedición a Mombasa (Kenia)

1892
Se convierte en una las primeras mujeres en ser admitida en la Real Sociedad Geográfica

1936
Muere el 10 de febrero

FUE UNA DE LAS PRIMERAS MUJERES EN SER ACEPTADAS POR LA REAL SOCIEDAD GEOGRÁFICA.

SU MARIDO SIEMPRE LA APOYÓ EN SUS INQUIETUDES Y AVENTURAS, ALGO IMPROPIO DE SU ÉPOCA.

MATILDE MONTOYA

DOCTORA EN MEDICINA

Nacida en Ciudad de México en 1859, muy pronto demostró tener una inteligencia privilegiada para los estudios que, unida a su infatigable perseverancia, le haría pasar a la historia como la primera doctora en Medicina del país.

PRIMERA MÉDICA DE MÉXICO

La pequeña Matilde tenía un padre muy estricto que no dejaba salir a su esposa ni creía en la educación de las mujeres, así que fue instruída en casa por su madre, y con solo cuatro años ya era una apasionada lectora. A los 12 terminó su educación primaria, pero era demasiado pequeña para acceder a la secundaria y su madre le costeó estudios particulares. Con 13 aprobó su examen para ser maestra de primaria. Muy joven, comenzó a estudiar la carrera de Obstetricia y Partera, que dependía de la Escuela Nacional de Medicina, pero tuvo que abandonar tras la muerte de su padre porque no podía costearse los estudios. Sin embargo, obtuvo su título en la Escuela de Parteras y Obstetras de la Casa de Maternidad, y comenzó a trabajar como auxiliar de cirugía, compaginándolo con sus estudios de bachillerato. Tenía solo 16 años.

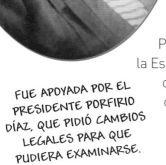

FUE APOYADA POR EL PRESIDENTE PORFIRIO DÍAZ, QUE PIDIÓ CAMBIOS LEGALES PARA QUE PUDIERA EXAMINARSE.

A los 18, la joven partera se mudó a Puebla, donde sus clientes la adoraban por su buen hacer profesional y su forma de tratarles, siempre con amabilidad y atención. Furiosos, otros médicos quisieron desprestigiarla, acusándola de «masona y protestante». Estos ataques la llevaron a trasladarse a Veracruz. Pero, con el firme apoyo de su madre, regresó para inscribirse en la Escuela de Medicina de Puebla, donde ingresó con 23 años en una ceremonia pública a la que acudieron el gobernador del estado y otras personas influyentes, que le demostraron así su apoyo. Los ataques, no obstante, se sucedieron. La prensa llegó a publicar un artículo titulado «Impúdica y peligrosa mujer pretende convertirse en médica», donde se aseguraba que «debe ser perversa la mujer que quiere estudiar Medicina, para ver cadáveres de hombres desnudos». Abrumada, la joven se marchó de nuevo, regresando a Ciudad de México. Allí se matriculó de nuevo en la Escuela Nacional de Medicina, donde fue aceptada en 1882. Pero los ataques volvieron a sucederse. Algunos alumnos y profesores buscaron las formas más retorcidas de obstaculizar su camino. Primero alegaron que el bachillerato que había cursado en una escuela privada no era válido, y anularon su matrícula. Ella solicitó poder cursar de nuevo las materias pertinentes, pero no se lo permitieron porque, decían, el reglamento autorizaba el examen «para alumnos, no para alumnas».

Entonces, la tenaz joven hizo algo radical. Con el apoyo de su no menos luchadora madre, escribió al presidente de la República para pedirle ayuda. Porfirio Díaz creyó en ella y movió los hilos para que se le permitiera cursar las asignaturas pendientes y finalmente, estudiar su carrera de Medicina. Lo hizo de forma brillante y escribió su tesis. Pero al solicitar su examen profesional volvieron a negarle el derecho porque, de nuevo, los estatutos de la Escuela Nacional de Medicina permitían examinarse a «los alumnos» y no a «las alumnas». Lejos de rendirse, Montoya recurrió otra vez al presidente. Este ordenó actualizar los estatutos para permitir que las mujeres pudieran graduarse como médicos y emitió un decreto para que Matilde Montoya realizara su examen.

MÉDICA Y FILÁNTROPA

LOS MÉDICOS DE SU TIEMPO INTENTARON FRENAR SU CARRERA EN VANO.

El 24 de agosto de 1887 la convocaron ante el jurado más estricto posible, en un salón de poca importancia. Pero el acto tuvo lugar finalmente en el salón de actos solemnes cuando se supo en la universidad que el mismísimo Porfirio Díaz estaría presente en el examen. Tras dos horas de preguntas, Montoya fue aprobada por unanimidad y rompió a llorar de emoción. Al día siguiente tuvo lugar el examen práctico en un hospital. Cuando le comunicaron que lo había aprobado, cayó al suelo desmayada por la emoción y la tensión acumulada tras su larga lucha. Se había convertido, a sus 28 años, en la primera mexicana con el título de Doctora de la Facultad de Medicina de México.

En los años posteriores, trabajó incansablemente en dos consultorios privados donde cobraba a los pacientes según sus posibilidades económicas. Fue, además de doctora, una gran filántropa, que adoptó cuatro niños y creó un taller de costura para mujeres obreras y una escuela para las hijas de estas. Murió el 26 de enero de 1938, a los 79 años.

TREMENDAMENTE INTELIGENTE, SUPERÓ LAS BARRERAS ECONÓMICAS Y SOCIALES PARA CONSEGUIR SU META.

CRONOLOGÍA

1859
Nace en Ciudad de México el 14 de marzo
1875
Obtiene su título de partera a los 16 años
1882
Comienza a estudiar en la Escuela Nacional de Medicina
1887
Obtiene el doctorado en Medicina
1891
Se adhiere a la Liga Médica Humanitaria
1925
Funda, junto a otras colegas, la Asociación de Médicas Mexicanas
1939
Fallece en Ciudad de México el 26 de enero

ADEMÁS DE SUS CONOCIMIENTOS MÉDICOS, ERA UNA MUJER BONDADOSA QUE SE VOLCÓ SIEMPRE CON LOS MÁS NECESITADOS.

MARY ANDERSON

INVENTORA

Nacida en 1866, Mary Anderson fue una emprendedora nata que realizó una contribución fundamental a la industria automovilística, aunque nadie supo ver su utilidad ni recibió beneficios económicos por su invento.

INVENTORA DEL LIMPIAPARABRISAS

Al quedar huérfana de padre a temprana edad, Anderson se trasladó con su madre y su hermana de su granja en Alabama a la floreciente ciudad de Birmingham, donde no tardó en demostrar su buen ojo para los negocios. Primero se dedicó a construir edificios de apartamentos, y alrededor de 1900 extendió su actividad empresarial a California, donde se convirtió en granjera y viticultora. Durante un viaje en Nueva York en el duro invierno de 1902 tuvo una ocurrencia genial: inventar un aparato que limpiara la nieve y la lluvia que caían sobre el parabrisas de los tranvías y automóviles, impidiendo la visión. Por entonces no existía nada semejante, y los viajes se hacían muy lentos y penosos. Los conductores debían bajarse a cada rato para despejar el parabrisas, pues si no, corrían grave riesgo de accidente.

Su invento consistía en un brazo metálico con una lámina de goma incorporada que arrastraba el agua del cristal durante la conducción y el conductor podía accionar o detener desde el interior del vehículo. En 1903 obtuvo una patente durante 18 años y en 1905 ofreció su invento a una empresa canadiense, quien le respondió que no veía ningún valor económico a su aparato. De hecho, no fueron pocos los que ridiculizaron el invento, aunque el tiempo le daría la razón a Anderson.

SU INQUIETUD NATURAL LE HIZO TRABAJAR EN MUY DIVERSOS ÁMBITOS, DESTACANDO EN TODOS Y CADA UNO DE ELLOS.

Henry Ford, magnate de la industria automovilística, fue quien supo ver su enorme utilidad. Lo incorporó en 1908 a su Ford T, el primer utilitario de la historia. Todos le siguieron, y en 1916 el limpiaparabrisas era un elemento básico en todos los coches. Mary Anderson, sin embargo, no obtuvo beneficios económicos de su invento, al haber expirado su patente en 1920. Prosiguió con sus negocios inmobiliarios en Birmingham hasta su muerte en Tennessee, a los 87 años.

MUJERES Y AUTOMÓVILES

Curiosamente, otra mujer fue la creadora de uno de los primeros limpiaparabrisas eléctricos. Se trata de la canadiense Charlotte Bridgwood, que lo registró en 1917. Años antes, en 1893, Margaret Wilcox patentó el primer y rudimentario sistema de calefacción para automóviles, consistente en una abertura que comunicaba directamente la zona del motor con el habitáculo destinado a los pasajeros. Y una curiosidad más: fue Bertha Benz, esposa del inventor del automóvil Carl Benz, quien el 5 de agosto de 1888 se convirtió en la primera persona que hacía un viaje largo en automóvil. «Vamos a ver a la abuela», le dejó en una nota escrita antes de ponerse al volante con sus hijos, popularizando así el entonces revolucionario invento de su marido.

VARIOS HOMBRES REGISTRARON PATENTES DE INVENTOS SIMILARES, AUNQUE EL LIMPIAPARABRISAS DE ANDERSON DEMOSTRÓ SER EL MÁS FUNCIONAL.

ELLAS TAMBIÉN INVENTARON

La Historia oficial ha dado cuenta de todos los grandes inventos realizados por hombres, pero olvida contarnos que muchos aparatos imprescindibles en nuestra vida cotidiana nacieron del ingenio femenino. Algunas de estas inventoras eran amas de casa, como Marion Donovan, quien inventó los pañales desechables en 1949 con gran éxito. O Melitta Bentz, que creó los filtros de café en 1908. Maria Beasley, en 1882, concibió la balsa salvavidas. A Josephine Cochrane, dama de la alta sociedad, le debemos el primer lavavajllas, que inventó en 1893. Elizabeth Merrell diseñó una rudimentaria lavadora de cobre en ese mismo año. Florence Parpart, el primer refrigerador moderno en 1914; año en el que Mary Phelps Jacob creó el sujetador. Pero hay más. Marie van Brittan inventó un sistema de vigilancia doméstico que incluía un circuito cerrado de televisión, que registró en 1966 con su marido. En 1919, Alice Parker inventó un sistema de calefacción central alimentado por gas. Anna Connelly patentó la escalera de incendios en 1887 y la enfermera Letitia Geer diseñó en 1899 la primera jeringuilla hipodérmica manejable con una sola mano.

LOS HOMBRES A QUIENES PRESENTÓ SU INVENTO SE BURLARON DE ELLA E INCLUSO LA ACUSARON DE CREAR UN APARATO QUE ERA UNA DISTRACCIÓN PELIGROSA PARA LOS CONDUCTORES.

CRONOLOGÍA

1866
Nace el 19 de febrero en el condado de Greene (Estados Unidos)
1903
Obtiene una patente de 17 años por su creación, el limpiaparabrisas
1905
Ofrece sin éxito su invento a una empresa canadiense
1913
Todos los automóviles incorporan el limpiaparabrisas que ella diseñó
1953
Fallece el 27 de junio en Tennessee

LETITIA GEER DISEÑÓ EN 1899 LA PRIMERA JERINGUILLA HIPODÉRMICA.

WASHING MACHINE

LA PRIMERA LAVADORA FUE DISEÑADA EN 1983 POR ELIZABETH MERRELL.

CAMILLE CLAUDEL

ESCULTORA

Nació en 1864 en un pueblecito al norte de Francia. Hija de un banquero, desde niña disfrutó modelando el barro. Tenía 17 años cuando su familia se instaló en París. Concretamente, en el bohemio barrio de Montparnasse. Y aunque la Escuela de Bellas Artes no aceptaba mujeres, su padre logró que un escultor aceptara a la joven en su academia. Así, no solo pudo estudiar, sino también alquilar un apartamento con unas compañeras para vivir independiente.

ESCULTORA DE LA EMOCIÓN

«ESTOY ABURRIDA DE ESTA ESCLAVITUD. ME GUSTARÍA ESTAR EN MI CASA Y CERRAR BIEN LA PUERTA. NO SÉ SI PODRÉ REALIZAR ESTE SUEÑO, ESTAR EN MI CASA».

Fue en aquella academia donde acudió como profesor Auguste Rodin, que ya era un famoso escultor. Ella tenía apenas 19 años, y él 43. Su relación, artística y personal, marcó de por vida a Claudel. La joven escultora trabajó con él en algunas de sus obras más famosas, incluyendo importantes conjuntos arquitectónicos. Claudel siempre fue algo más que una simple ayudante, modelo o musa. Rodin reconoció enseguida su talento y ambos se influían e inspiraban mutuamente. Pero era él, artista consagrado, quien se llevaba toda la fama. Y sin embargo, sintiéndose amenazado por el talento de ella, gustaba de humillarla públicamente y menospreciar su trabajo. Su relación era tormentosa e incluso la familia de ella, que no aprobaba que se dedicara al arte, le reprochó que desperdiciara su talento trabajando a la sombra de Rodin. A ella tampoco le gustaba ese papel secundario, pero estaba atada a él por una pasión que se le escapaba de las manos. Ni siquiera era la primera en su corazón, ya que Rodin mantenía una relación paralela con la madre de su único hijo, una costurera a la que nunca abandonó a pesar de prometerlo muchas veces. Este involuntario triángulo amoroso le inspiró a Claudel una bellísima obra titulada «La edad madura», donde aparecían los tres y que logra transmitir los celos, el dolor y la impotencia que sentía.

Tras un aborto en 1892, se separaron durante unos años, aunque el escultor, una figura muy influyente, no la abandonó en lo artístico, y logró que Claudel fuera invitada a salones de arte y que las autoridades le encargaran realizar monumentos públicos. Tras varias idas y venidas, ella le abandonó finalmente en 1898 y se volcó en trabajar en su propio taller, sola. La etapa entre 1899 y 1905 fue de gran creatividad y reconocimiento para la artista, que expuso recibiendo muy buenas críticas. Decían de ella que sabía esculpir la emoción. Dominaba la técnica, que requería mucha fortaleza física, y sorprendía con sus innovadoras figuras en desequilibrio, que transmitían la fuerza de los sentimientos.

La Valse

RF

Camille Claudel 6,70 F 1,02 €

La Poste 2000

«NO HE HECHO TODO LO QUE HE HECHO PARA TERMINAR MI VIDA ENGROSANDO EL NÚMERO DE RECLUIDOS EN UN SANATORIO, MERECÍA ALGO MÁS».

LA CRUELDAD DE SUS ÚLTIMOS AÑOS DESTRUYÓ SU ALMA DE ARTISTA.

TREINTA AÑOS ENCERRADA

Su última exposición en París tuvo lugar en 1905. A partir de entonces comenzó su decadencia, que tendría un final muy amargo. Comenzó manifestando comportamientos extravagantes, como destruir parte de su obra o desaparecer durante días. Después empezó a acusar a Rodin de haberle robado sus ideas y de querer matarla. Vivía en el caos, rodeada de gatos, huraña, sola y cada vez más paranoica. Su madre y su hermano, el poeta Paul Claudel, querían internarla en un manicomio. Su padre, el único que siempre la apoyó, se oponía. Pero cuando él murió, en marzo de 1913, ambos corrieron a internarla «por su propia seguridad». Claudel pasó 30 años en el hospital psiquiátrico de Montdevergues. Su madre nunca fue a visitarla y prohibió que otros lo hicieran, y su hermano ignoró el consejo médico de llevarla a casa. Ella escribía cartas pidiendo que la liberaran, pero nadie la sacó de aquellas cuatro paredes. Tampoco volvió a trabajar. Nunca pudo contarle a nadie su versión. El diagnóstico oficial decía que fue recluida por su «manía persecutoria y delirios de grandeza». Hasta qué punto padecía una enfermedad mental o fue víctima de maltrato por parte de Rodin, no está claro. Algunos biógrafos creen que su familia le hizo pagar muy cara la osadía de dedicarse al arte y llevar una vida libre y bohemia, siendo mujer y de clase alta.

Claudel falleció en el manicomio en 1943, y fue enterrada en una fosa común porque nadie acudió al entierro ni reclamó su cuerpo, que nunca pudo ser recuperado. Tuvieron que pasar 60 años tras su muerte para que la ciudad de Nogent-sur-Seine, donde vivió en la adolescencia, le rindiera homenaje con la apertura del primer museo que lleva su nombre.

CRONOLOGÍA

1864
Nace el 8 de diciembre en Fère-en-Tardenois, (Francia)

1884
Comienza a trabajar con Auguste Rodin, de quien es amante y colaboradora

1899
Tras abandonar a Rodin, comienza su etapa de mayor productividad y reconocimiento

1905
Empieza a mostrar signos de inestabilidad mental

1913
Es recluida en un psiquiátrico por su familia, de donde no vuelve a salir

1943
Muere el 19 de octubre en Montfavet (Francia)

MODELO, MUSA, COLABORADORA Y AMANTE DE RODIN, ÉL LA ECLIPSÓ POR COMPLETO.

BEATRIX POTTER

ESCRITORA, ILUSTRADORA Y NATURALISTA

Nacida en Londres en 1866 en una familia de clase alta que vivía de las rentas, Potter tuvo una infancia solitaria. Sus padres estaban muy ocupados con su vida social, y su hermano y ella fueron criados y educados en casa por institutrices. Siempre le atrajeron los animales y las plantas, y amaba disfrutar de la naturaleza durante los viajes familiares a Escocia y el Distrito de los Lagos. Allí dibujaba los animales que tan minuciosamente observaba y luego los convertía en protagonistas de sus cuentos ilustrados caseros. Amaba también la escritura, y mantuvo un diario desde adolescente.

TUVO QUE AUTOEDITARSE EN UN PRINCIPIO HASTA QUE SU ÉXITO FUE NOTORIO.

PIONERA DE LA ILUSTRACIÓN INFANTIL

Potter aprendía por su cuenta sin dejar nunca de dibujar y escribir, resistiéndose a los intentos de sus padres por incluirla en la encorsetada vida social del Londres victoriano. Tenía más de 30 años cuando se decidió a publicar su primer cuento ilustrado, «El cuento de Perico el conejo travieso». Quería que fuera un libro pequeño que los niños pudieran manejar fácilmente, con poco texto y una gran ilustración en cada página. Ese formato era desconocido hasta entonces, y los editores lo rechazaron. Pero ella lo publicó por su cuenta en 1901 y obtuvo un éxito inmediato. Por intercesión de un amigo de la familia, finalmente los editores Frederick Warne & Co., que en un principio lo habían descartado, reeditaron el libro. Fue el comienzo de una larga y fructífera relación. Ellos publicaron sus 23 libros ilustrados infantiles, que fueron un gran éxito y le generaron a Potter importantes ingresos propios. Los niños adoraban sus ilustraciones tiernas y minuciosas, y la forma en que dotaba a los animales de imaginación y sentimientos sin por ello resultar moralizante.

TAMBIÉN, GRANJERA Y ECOLOGISTA

Feliz con su éxito literario, Potter conoció también el amor con Norman Warne, hijo de su editor. Sus padres lo consideraban poca cosa para su hija y prohibieron la relación, pero ellos se comprometieron a su pesar. Sin embargo, Norman murió un mes más tarde de leucemia. Lejos de resignarse, Potter, que ya tenía 39 años, utilizó su propio dinero para

comprarse una granja en el Distrito de los Lagos. Se alejó de un previsible destino de «solterona» enclaustrada en la alta sociedad de Londres para convertirse en granjera. Criaba sus propias ovejas y compró unos terrenos que luego cedió al National Trust, una organización dedicada a conservar el modo de vida rural y el equilibrio con el entorno natural. Además, encontró el amor de su vida a la «avanzada» (para la época) edad de 47 años. En 1913 se casaba con el abogado William Heelis, a pesar de volver a recibir la oposición de sus padres. La pareja no tuvo hijos, pero vivió una existencia tranquila y feliz hasta el final de sus días. Potter siguió trabajando, pero alrededor de 1920 la vista le fue fallando y redujo el ritmo. Falleció a los 77 el 22 de diciembre de 1943.

FUE LA PRECURSORA DEL CONCEPTO DEL ÁLBUM INFANTIL ILUSTRADO QUE TANTO ÉXITO TENDRÍA DESPUÉS.

PERICO EL CONEJO ES RECONOCIDO INTERNACIONALMENTE COMO UNA OBRA MAESTRA DE LA LITERATURA INFANTIL.

TAMBIÉN FUE PIONERA DEL MARKETING

Potter no solo fue una mujer avanzada a su tiempo a la hora de autopublicar su propio libro. También fue la primera en desarrollar el «merchandising», tan común hoy en día. Se le ocurrió que sería buena idea licenciar sus famosos personajes para crear peluches, vajillas o juegos de mesa. Una vez más, dio en el clavo. Los productos se vendían como rosquillas y le reportaron grandes beneficios económicos.

NATURALISTA AUTODIDACTA

La autora también fue una notable naturalista autodidacta. En su adolescencia, uno de sus tíos comprendió que la joven tenía verdadero talento y trató de interceder para que estudiara en los Reales Jardines Botáncos de Kew, en Londres. Pero no pudo ser… porque era mujer. Sin embargo, ella sola llegó a descubrir que los líquenes eran una relación simbiótica entre algas y hongos. Quiso presentar su trabajo en la Linnean Society de Londres, pero de nuevo no se lo permitieron. Su tío fue el encargado de leer sus conclusiones. En 1997, la institución le pidió perdón a título póstumo.

CRONOLOGÍA

866
Nace en Londres
el 28 de julio
1901
Autopublica su primer libro, «El cuento de Pedro Conejo» («The Tale of Peter Rabbit»)
1902
Los editores Frederick Warne & Co. relanzan el libro, comenzando una fructífera colaboración literaria de 23 libros
1905
Se muda al campo tras la muerte de su prometido y se convierte en granjera
1913
Se casa con el abogado William Heelis a los 47 años
1930
Publica su último libro, «The Tale of Little Pig Robinson»
1943
Fallece el 22 de diciembre

«UN CIENTÍFICO EN SU LABORATORIO NO ES SOLO UN TÉCNICO:
ES TAMBIÉN UN NIÑO SITUADO ANTE FENÓMENOS NATURALES
QUE LE IMPRESIONAN COMO UN CUENTO DE HADAS».

MARIE CURIE

CIENTÍFICA

Nacida en 1867 en Varsovia, Marie Curie desarrolló su carrera en Francia, convirtiéndose en la primera mujer en ganar un Premio Nobel y la primera persona en recibir tal galardón dos veces. También fue la primera mujer profesora de la Universidad de París.

PRIMERA MUJER GANADORA DE UN PREMIO NOBEL

Nacida como Maria Salomea Skłodowska, era hija de un profesor de física y matemáticas y de una maestra, pianista y cantante. En aquel tiempo Polonia estaba ocupada por Rusia y tanto Maria como su hermana tuvieron que asistir a una escuela clandestina para aprender la cultura polaca. Fue una brillante estudiante, apasionada por la física, la lectura y los idiomas. Tras graduarse a los 15 años, y dado que las mujeres tenían prohibido estudiar en las universidades polacas, Maria se fue a Francia en 1891. Gracias a una beca (que devolvió en cuanto terminó su carrera) pudo estudiar en la Universidad de la Sorbona.

En 1893 obtuvo la licenciatura en Física con el primer puesto de su promoción, y luego se graduó en Matemáticas con el segundo. Un año más tarde conoció al que sería su marido, el profesor de física Pierre Curie. Pronto comenzaron a trabajar juntos, formando un equipo tan eficaz como armonioso en lo personal y lo profesional.

Pierre la animó a hacer su tesis doctoral sobre los recientes trabajos de Henri Becquerel y Wilhem Roentgen, que habían descubierto que las sales de uranio transmitían unos rayos de naturaleza desconocida. Marie, con ayuda y apoyo de Pierre, investigó la naturaleza de estas radiaciones, descubriendo que no eran un producto de reacciones químicas, sino que se debían a la naturaleza de la materia.

«LA VIDA NO ES FÁCIL, PARA NINGUNO DE NOSOTROS. PERO... ¡QUÉ IMPORTA! HAY QUE PERSEVERAR Y, SOBRE TODO, TENER CONFIANZA EN UNO MISMO. HAY QUE SENTIRSE DOTADO PARA REALIZAR ALGUNA COSA Y ESA COSA HAY QUE ALCANZARLA, CUESTE LO QUE CUESTE».

M. Curie

CRONOLOGÍA

1867
Nace el 7 de noviembre en Varsovia (Polonia)
1891
Se muda a Francia para estudiar en la Facultad de Ciencias de la Universidad de la Sorbona
1895
Se casa con Pierre Curie y empiezan a trabajar juntos
1903
Recibe el Premio Nobel de Física junto a Pierre Curie y Henri Becquerel
1906
Se convierte en la primera mujer que da clases en la Universidad de la Sorbona
1911
Recibe el Premio Nobel de Química en solitario
1934
Muere el 4 de julio en el sanatorio Sancellemoz, en la Alta Saboya francesa

CON LAS GANANCIAS DEL NOBEL DE FÍSICA, LOS CURIE INSTALARON UN NUEVO CUARTO DE BAÑO EN SU CASA.

En 1898 lograron aislar dos nuevos elementos químicos que bautizaron como radio y polonio. También estudiaron los materiales radiactivos, trabajando sin descanso en un humilde cobertizo a pesar de que aquellos materiales les causaban quemaduras y llagas. En 1903, Marie publicó su tesis doctoral, intitulada «Investigaciones acerca de las sustancias radiactivas», obteniendo el doctorado con mención «cum laude». Ese mismo año, junto a Pierre Curie y Henri Becquerel, recibió el Premio Nobel de Física por sus investigaciones conjuntas sobre la radiación. El 19 de abril de 1906, Pierre falleció atropellado por un carruaje. Marie, destrozada, se quedó sola con sus dos hijas y a pesar de que sus medios económicos eran escasos, rechazó recibir una pensión vitalicia. Pero sí aceptó hacerse cargo de la cátedra de física que su marido había obtenido en 1904.

SEGUNDO PREMIO NOBEL

Así, se convirtió en la primera mujer que daba clases en la Universidad de la Sorbona. La enseñanza, el trabajo y el amor de sus hijas le dieron fuerzas para seguir adelante a pesar de haber perdido a su compañero. Sin embargo, en 1911 emprendió una nueva relación con Paul Langevin, un hombre casado. Su fama de mujer brillante y austera se vio empañada por este escándalo, y la prensa la llamó «ladrona de maridos». Ese también fue el año en que obtuvo el Premio Nobel de Química por sus investigaciones sobre el radio y sus compuestos. Se convirtió así en la primera persona en recibir dos premios Nobel en diferentes campos. En 1914 fue nombrada directora del Instituto de Radio de París, y se fundó el Instituto Curie. Años después se trasladó a Estados Unidos, donde logró recaudar los fondos necesarios para comprar un gramo de radio.

A pesar de su brillante trayectoria, ella nunca se dio importancia. Es más, al igual que su fallecido esposo, detestaba la fama y la vanidad. Era una mujer modesta y generosa que nunca quiso patentar el gramo de radio que con tanto esfuerzo logró obtener y que donó a la investigación científica. Creía que los demás científicos también debían poder beneficiarse de sus descubrimientos. También demostró su generosidad durante la Primera Guerra Mundial, al organizar un servicio de coches con radiografías móviles para los soldados heridos en los hospitales de campaña. Enferma de anemia a causa de sus constantes exposiciones al radio (por

entonces no se sabía que perjudicaba la salud), Curie murió en un sanatorio francés en 1934. Fue enterrada junto a su marido, y años después ambos fueron trasladados al Panteón de París, la ciudad a la que tanto debían y que ellos tanto amaron.

IRÈNE Y ÉVE, LAS NOTABLES HIJAS DE LOS CURIE

Las hijas de Marie y Pierre Curie heredaron un gran talento. Irène comenzó trabajando como ayudante de su madre en el Instituto del Radio de París, posteriormente llamado Instituto Curie. Casada con el asistente personal de Marie, tras la muerte de esta fue nombrada directora de investigación de la Fundación Nacional de Ciencias tras postularse en tres ocasiones (a su madre la habían rechazado por ser mujer y polaca). Ese mismo año, en 1935, ella y su marido fueron galardonados con el Premio Nobel de Química por su descubrimiento de la radiactividad artificial. Entregada apasionadamente a su trabajo, murió el 17 de marzo de 1956 en París a causa de una leucemia provocada por la sobreexposición a la radiación, igual que su madre.

PIONERA EN TODO, FUE UNA DE LAS PRIMERAS MADRES TRABAJADORAS PREOCUPADA POR LA CONCILIACIÓN FAMILIAR.

Éve Curie, nacida en 1904, también estuvo muy cerca de su madre, con la que vivió en París en su juventud. Allí se formó como concertista de piano, actuando con bastante éxito. Pero el verdadero reconocimiento le llegó como escritora, tras publicar una biografía de su madre en 1938 que se convirtió en todo un superventas. Curiosamente, su esposo, Henry Richardson Labouisse, Jr., también recibió un Premio Nobel. En este caso, el de la paz, que le fue otorgado en calidad de director de Unicef.

EN 1995, LOS RESTOS DE MARIE CURIE FUERON TRASLADADOS AL PANTEÓN DE PARÍS, SIENDO LA PRIMERA MUJER EN SER ENTERRADA EN ÉL.

ANNIE LONDONERRY

VIAJERA

Nacida en Riga (Letonia) en 1870, Annie Cohen Kopchovsky emigró de niña con su familia a los Estados Unidos, donde alcanzó fama mundial al convertirse en la primera mujer que daba la vuelta al mundo sobre una bicicleta.

PIONERA DE LAS CICLISTAS

Montar en bicicleta no era cosa de mujeres allá por finales del siglo XIX. Se decía que ellas no sabían pedalear, ni podían intentarlo siquiera con sus incómodos ropajes. Además, subirse a un sillín se consideraba algo de lo más indecoroso. Por eso, el día en que Cohen, por entonces una joven madre de 23 años, anunció públicamente que iba a dar la vuelta al mundo en bicicleta ante un público de 500 personas, causó una inmensa expectación. Pronto dejó atrás a sus tres hijos y su esposo (un judío ortodoxo que trabajaba como vendedor) para cumplir su propósito. Su motivación era doble. Por un lado, dos hombres la retaron a hacer el viaje en 15 meses a cambio de 5 000 dólares (o 10 000, según distintas versiones), seguros de que no lo conseguiría. Por otro, según sus propias palabras, quería demostrar que estaban equivocados: podía hacer todo lo que se propusiera.

Su viaje comenzó en otoño de 1894 pedaleando desde Boston hacia Nueva York, sobre una sólida bicicleta de mujer que pesaba 20 kilos y carecía de frenos. Bajo la incómoda falda de su vestido llevaba un revólver. Pero pronto comprendió que así no llegaría muy lejos. Cambió el vestido por unos pantalones y su bicicleta por una de hombre mucho más ligera. Y además cambió su apellido. Se hizo llamar Annie Londonerry, que era el nombre de una marca de bebidas que patrocinó su viaje, convirtiéndola así en la primera viajera esponsorizada de la historia. A cambio de 100 dólares, incorporó un cartel con el nombre de la marca a la parte trasera de su bicicleta.

«QUIERO DEMOSTRAR QUE PUEDO HACER TODO LO QUE ME PROPONGA».

Desde Nueva York tomó un barco a Europa. Pedaleó desde París hasta Marsella, donde una multitud se congregó para verla zarpar hacia el Medio Oriente. Su ruta incluyó Egipto, Jerusalén y destinos tan exóticos para la época como Yemen e India. La prensa seguía sus pasos y publicaba fabulosas historias acerca de sus peripecias.

REGRESO TRIUNFAL

Cuando por fin llegó a Chicago, en 1895, la ya famosa viajera cobró los 5 000 dólares de la apuesta, concluyendo así lo que el diario New York World calificó como «El más extraordinario viaje jamás realizado por una mujer». Nueve años antes, un viajero llamado Thomas Stevens había sido el primero en recorrer el mundo en bicicleta. Además, la astuta viajera había ganado otros 3 000 a lo largo de su periplo gracias a la publicidad y a las charlas que impartía narrando sus aventuras.

Su pequeña fortuna le permitió mudarse con su familia a Nueva York, donde trabajó como periodista. También siguió dando conferencias en las que relató con todo lujo de detalle sus exóticas aventuras. Según ella, había cazado tigres, participado en guerras y visitado la cárcel. A todo el mundo le gustaba escuchar sus historias, pero muchas de ellas en realidad eran falsas o versiones muy exageradas de la realidad. También la acusaron de no decir toda la verdad cuando afirmaba que había dado la vuelta al mundo en bicicleta, pues parece ser que muchos tramos los hizo a bordo de otros vehículos.

En cualquier caso, su hazaña fue una de las formas más originales en las que una mujer ha demostrado que era capaz de hacer cualquier cosa que se propusiera. Londonerry se convirtió en una celebridad de su tiempo y en una inspiración para otras mujeres que deseaban romper los corsés en los que la sociedad pretendía encerrarlas. Con el tiempo, su historia fue cayendo en el olvido, pero su tataranieto Peter Zheutlin la rescató al escribir una biografía a partir de la cual se rodó un documental. En él, reconocía que nunca había llegado a comprender del todo qué fue lo que motivó a aquella joven ama de casa, madre de tres hijos pequeños y esposa de un hombre tradicional, a acometer tamaña odisea. ¿Ansia de reconocimiento? ¿Personalidad aventurera? ¿Hastío vital? Nadie lo supo con exactitud. Tal vez ahí resida el encanto de esta asombrosa mujer que también inspiró un musical de éxito.

CAMBIÓ SU APELLIDO POR EL DE LA MARCA DE BEBIDAS QUE PATROCINABA SU AVENTURA.

CRONOLOGÍA

1870
Nace en Riga, (Letonia)
(se desconoce el día exacto)
1894
En otoño parte de Boston para realizar su viaje durante 15 meses
1895
Regresa a Estados Unidos el 23 de marzo, ganando la apuesta que había aceptado
1947
Fallece en Nueva York, (Estados Unidos)

SU VUELTA AL MUNDO LE HIZO GANAR 5 000 DÓLARES Y ROMPER TODOS LOS ESTÁNDARES DE LAS MUJERES DE SU ÉPOCA.

«SOY UNA PERIODISTA Y UNA NUEVA MUJER, SI ENTENDEMOS POR ESE TÉRMINO QUE ME CREO CAPAZ DE HACER CUALQUIER COSA QUE PUEDA HACER UN HOMBRE».

MARIA MONTESSORI

DOCTORA Y PEDAGOGA

Nacida en 1870 en la provincia de Ancona, María Montessori se convirtió a los 26 años, y a pesar de la inicial oposición de su padre, en la primera mujer licenciada en medicina de Italia. Años más tarde se haría famosa por crear el revolucionario método educativo que lleva su nombre y que hoy en día se imparte en centros de todo el mundo.

REVOLUCIONARIA DE LA ENSEÑANZA

En 901, le encargaron dirigir una clínica psiquiátrica para niños con retraso mental. Lo que hizo fue implantar un sistema basado en la observación del comportamiento infantil. Trabajó con ellos de tal modo que, en poco tiempo, algunos de esos niños aprobaron los mismos exámenes que el resto. Todo el mundo se quedó admirado por el progreso de aquellos pequeños, pero lo que Montessori se preguntaba era qué podía hacerse para que los escolares sin discapacidades también desarrollaran todo su potencial. Había nacido su pasión por la educación.

«LA EDUCACIÓN DESDE EL COMIENZO DE LA VIDA PODRÍA CAMBIAR VERDADERAMENTE EL PRESENTE Y FUTURO DE LA SOCIEDAD».

Así, estudió Filosofía, Antropología y Psicología y encontró el entorno perfecto para poner en práctica sus revolucionarias ideas en 1907, cuando aceptó dirigir una guardería en un barrio muy pobre de Roma. La llamó «Casa de los Niños» y en ella sentó las bases de lo que se acabaría conociendo como el Método Montessori de enseñanza.

Se basaba en su idea de que los niños son sus propios maestros y aprenden de forma natural y motivada cuando se les ofrece el entorno adecuado. Montessori les preparó un ambiente espacioso, ordenado y luminoso. Les ofreció una serie de materiales que había creado para sus trabajos de psicología y observó qué hacían los niños con ellos. Pronto, aquellos hijos de padres analfabetos aprendieron a leer y escribir, y trabajaban absortos en sus propios intereses sin necesitar la constante intervención de los adultos. Fue un éxito que despertó el interés por el Método Montessori tanto en Italia como en el extranjero. Pero Montessori vivía en la Italia fascista de Mussolini, que precisamente utilizaba las escuelas para adoctrinar a los niños y les enseñaba justamente lo contrario de lo que ella propugnaba: a obedecer ciegamente sin pensar por ellos mismos, como «pequeños soldados».

EDUCACIÓN PARA LA PAZ

Montessori, en compañía de su único hijo, se exilió a España, Holanda e India a partir de 1933. Allí extendió su método y, dado que eran los años de la Segunda Guerra Mundial, hizo hincapié en que la educación era el único camino para construir un mundo sin guerras. De hecho, fue nominada al Premio Nobel de la Paz en tres ocasiones, aunque nunca se lo concedieron. En 1947, regresó a Italia. Su método ya era reconocido mundialmente y, esta vez, la recibieron con los brazos abiertos.

Montessori ayudó a reorganizar las escuelas de su país y dejó sus teorías por escrito. Algunos de sus libros más representativos son «La mente absorbente del niño», «Educar para un mundo nuevo» o «El niño, el secreto de la infancia». Falleció en su casa de Holanda en 1952, a los 82 años de edad, pero su método sigue muy vivo e inspirando a maestros de todo el mundo que defienden una educación libre de dogmatismos y enfocada en hacer de nuestros niños personas empoderadas entregadas a crear un mundo mejor.

«AYÚDAME A HACERLO SOLO»

El Método Montessori considera que el niño es su propio maestro y las escuelas ofrecen un ambiente preparado donde, dentro de unos límites bien definidos, se fomenta la autonomía de los pequeños, que pueden elegir los materiales con los que prefieren trabajar. En las aulas reinan el orden y la armonía, y todos los elementos están al alcance de las manos infantiles. Los alumnos se agrupan en periodos de tres años, para aprender unos de otros. Los materiales están científicamente diseñados de tal modo que permiten a los niños aprender por su cuenta, detectar y corregir sus propios errores. Lejos de estar ahí para dirigir cada paso o utilizar premios o castigos, los adultos son llamados «guías» y trabajan acompañando a los pequeños en sus esfuerzos e intereses bajo el principio de «sigue al niño».

SU PRIMER TRABAJO COMO PEDAGOGA FUE CON NIÑOS EN RIESGO SOCIAL Y DE ESAS OBSERVACIONES SURGIÓ SU FAMOSO MÉTODO.

REVOLUCIONÓ TODOS LOS PARÁMETROS EDUCATIVOS DE SU ÉPOCA Y SU LEGADO SIGUE VIVO.

CRONOLOGÍA

1870
Nace en la provincia de Ancona (Italia) el 31 de agosto

1896
Se gradúa como la primera mujer doctora en Medicina de Italia

1900
Comienza a trabajar con niños con retraso mental

1907
Monta la primera Casa de los Niños, donde empieza a aplicar el Método Montessori

1933
Se exilia de la Italia fascista y pasa varios años en España, Holanda e India

1947
Regresa a Italia y colabora en la reordenación de sus escuelas

1949
Se establece en Holanda

1952
Muere en Holanda el 6 de mayo

ALICE GUY

DIRECTORA DE CINE

Aunque su nombre cayó en el más injusto de los olvidos, Alice Guy fue la primera persona que dirigió una película de ficción, y también la primera en ganarse la vida con esa profesión. Nacida en 1873 en Saint-Mandé, cerca de París, llegó a ser autora de más de mil películas.

DE LAS MÁS DE 1 000 PELÍCULAS QUE RODÓ, SOLO SE CONSERVAN 350 Y NUNCA CONSIGUIÓ QUE SE RECONOCIERA SU AUTORÍA.

LA "MADRE" DEL CINE

Guy trabajó desde bien jovencita como secretaria en una compañía llamada Le Comptoir Général de la Photographie, donde nació su pasión por las imágenes. Tenía 20 años cuando León Gaumont, para quien trabajaba, la llevó a la proyección de la primera película de la historia, el 22 de marzo de 1895. Se trataba del documental de 46 segundos de duración «La salida de la fábrica Lumière en Lyon», de los hermanos Lumière.

Si bien aquel día su jefe se interesó por aquel revolucionario invento llamado cinematógrafo, la joven vio mucho más allá, al darse cuenta de que era una herramienta maravillosa para contar historias. Su entusiasmo y persistencia lograron que Gaumont le permitiera dirigir una división de la compañía dedicada a producir historias, siempre y cuando no descuidase sus labores como secretaria.

Con un aparato llamado cronógrafo, Guy empezó a rodar sus propias películas, inspirando así a otros como Georges Méliès, que aparece en todos los libros ostentando el título de primer director de cine de la historia. En 1896, mismo año en que Méliès empezaba su carrera, Guy rodó la primera película, que contaba una historia en algo más de un minuto. Se llama «El hada de los repollos». Guy también fue la primera en introducir muchas innovaciones. Entre ellas, el uso del color, playbacks o efectos especiales. Una de sus primeras películas, «A fool and his money», fue la primera protagonizada por actores negros. En 1906 dirigió la primera superproducción de la historia del cine, «La pasión de Cristo», que fue rodada en exteriores con cientos de extras y 20 decorados.

DE LA GLORIA AL OLVIDO

En 1907 se casó con el cámara Herbert Blanché y se trasladaron a Estados Unidos, donde su carrera floreció de forma espectacular. Creando su propia productora, Guy dirigió cientos de películas de los más variados géneros: drama, comedia, policíaca, ciencia ficción, adaptaciones literarias o western. Trabajó durante 24 años, e incluso rodaba tres filmes por semana estando embarazada. Se calcula que dirigió más de mil películas (entre ellas 22 largometrajes) hasta la década de los años 20, aunque de ellas sobreviven unas 350.

Tras un amargo divorcio en 1917, su carrera empezó a declinar cuando vendió su productora y regresó a Francia en 1926, donde dio por concluida su carrera al no encontrar a nadie que quisiera producir sus historias. Pero aún le quedaba algo muy importante por hacer: reclamar la autoría de sus películas, en las que no aparecía su nombre como directora.

Regresó a Estados Unidos dispuesta a lograrlo, pero no fue posible. La consideraban solo como «la secretaria» o «la amante del director», y su figura cayó en el olvido mientras sus colegas varones que empezaron al mismo tiempo que ella se llevaban toda la gloria. Murió en una residencia de ancianos de Nueva Jersey en 1968, a los 94 años, con la pena de saber que su nombre no aparecía en ningún libro de historia del cine.

FUE UNA DE LAS PRIVILEGIADAS ESPECTADORAS DEL PRIMER DOCUMENTAL DE LOS HERMANOS LUMIÈRE.

CRONOLOGÍA

1873
Nace en Saint-Mandé, cerca de París, el 1 de julio

1896
Rueda la primera película de ficción de la historia, «El hada de los repollos»

1906
Dirige «La pasión de Cristo», primera superproducción de la historia del cine

1907
Se traslada con su marido a Estados Unidos, donde dirige películas durante casi 25 años

1926
Divorciada, regresa a Francia, donde no logra retomar su carrera

1953
Recibe la Legión de Honor en Francia, así como diversos homenajes

1968
Fallece en Nueva Jersey (Estados Unidos) el 24 de marzo

FUE INJUSTAMENTE BORRADA DE LA HISTORIA DEL CINE POR SER MUJER.

ESTRENÓ UNA PELÍCULA EL MISMO AÑO QUE MÉLIÉS, PERO LA HISTORIA NO LE HIZO JUSTICIA.

UNA PELÍCULA FEMINISTA

Alice Guy podía contar muchas historias sobre lo que significaba ser una brillante mujer en un mundo de hombres, y lo hizo a su manera en una película, «Les Résultats du féminisme» («Las consecuencias del feminismo»), de 1906. A base de mucha ironía, la historia plantea qué pasaría en un mundo donde las mujeres llevan la voz cantante mientras los hombres se quedan en casa cuidando del hogar y los hijos.

ISADORA DUNCAN

BAILARINA

La estadounidense Isadora Duncan, nacida en 1877 en San Francisco, creó la danza moderna al dejar a un lado la rigidez del ballet clásico para inventarse una forma de bailar mucho más libre y fluida, en la que cuerpo y espíritu se movían al unísono para atrapar y expresar la belleza.

«LO QUE YO PRETENDÍA ES QUE MENTE Y ESPÍRITU FUESEN LOS MOTORES DEL CUERPO Y LO ELEVASEN SIN ESFUERZO APARENTE HACIA LA LUZ.»

CREADORA DE LA DANZA CONTEMPORÁNEA

Dora Angela Duncan, que así se llamaba realmente, tenía solo 10 años cuando abandonó la escuela para impartir clases de danza y llevar dinero a casa. El padre, un banquero arruinado, les había abandonado forzando a la madre, que era una mujer culta y sensible, a dar interminables clases de piano para sobrevivir. Aun así encontró tiempo para educar a sus hijos en casa e inculcarles el amor por el arte y la lectura. La familia se mudó a Chicago cuando ella era adolescente y allí estudió danza clásica. Pero un incendio les dejó sin nada y regresaron a Nueva York, donde Duncan ingresó en la compañía de teatro del dramaturgo Augustin Daly, debutando ante el público en 1899 con muy poca fortuna. Desde el principio destacó como una bailarina muy particular, que quería imponer su manera de bailar con movimientos libres y fluidos, que eran una expresión de sus emociones y complejidades internas. Ella sentía que no era su cuerpo quien bailaba, sino su alma. Detestaba el ballet clásico, acusándolo de crear cuerpos deformes con sus extremas exigencias de perfección. Su puesta en escena era tan simple como poderosa: sencillos fondos de telas de colores, la melena suelta y su cuerpo desnudo y descalzo cubierto apenas por una túnica vaporosa. Además, sus coreografías se inspiraban en los temas clásicos de las tragedias griegas, que hablaban de muerte, dolor, pérdida y miserias humanas. En definitiva, su estilo no tenía nada que ver con la danza clásica. Ni coreografías en torno a temas amables, ni tutús, ni zapatos de punta, ni complicados decorados, ni cabellos recogidos, ni rostros maquillados.

Es fácil adivinar que, en sus inicios, su forma de bailar generó un inmenso rechazo. Pero ella, lejos de desanimarse, ahorró el dinero suficiente para trasladarse con su familia a Europa y formarse siguiendo sus propios instintos. En Londres, donde estudió a fondo los movimientos de la danza antigua representados en las piezas del Museo Británico, encontró al fin la fama. Comenzó entonces su época de gloria, logrando un triunfo tras otro en los mejores teatros de Europa. La llamaban "la ninfa" y tanto los intelectuales como el público del Viejo Continente la idolatraban. Era hermosa, libre, apasionada y segura de sí misma. Fue también una mujer generosa que creó tres escuelas de baile. A la primera, en Berlín, le tuvo especial cariño, pues acogía a niños de familias con pocos medios económicos, como ella misma en su infancia.

UNA VIDA TEATRAL

En lo personal, su vida fue igual de revolucionaria que en el arte. Quiso ser madre soltera y tuvo dos hijos de dos padres diferentes, pero los pequeños murieron al caer al Sena el coche en el que viajaban en 1913. Aquella desgracia, según confesó, la aniquiló emocionalmente. Dejó de bailar y fundó una segunda escuela de danza en París, y después otra en Moscú. En 1922, cuando ya tenía 45 años, se casó con el poeta ruso Sergei Esenin, casi 20 años más joven que ella. Pero él estaba celoso de su talento y de su carisma, y protagonizó varias escenas violentas, por lo que Duncan puso fin al matrimonio tan solo un año después. Esenin fue internado en un hospital psiquiátrico, donde se suicidó en 1925, a los 30 años.

SU VIDA PRIVADA FUE TAN POCO CONVENCIONAL COMO SU MODO DE BAILAR Y SIEMPRE LE RODEÓ EL ESCÁNDALO Y LA TRAGEDIA.

Tras esta nueva tragedia, Duncan trató de retomar su carrera, pero el público y los empresarios parecían haberse vuelto en su contra. Sus nuevos espectáculos fueron un fracaso. Finalmente, se refugió en Niza, donde escribió su autobiografía y un libro didáctico titulado «El arte de la danza». Abandonada por el público y con el alma desgarrada desde la muerte de sus pequeños, comenzó a evadirse a través del alcohol y los excesos. El 14 de septiembre de 1927, salió a dar un paseo en su Bugatti con tan mala fortuna que el chal que llevaba alrededor del cuello se enredó en una rueda del coche, estrangulándola inmediatamente. Fue el trágico final de una artista cuyo legado sigue muy vivo. Coreógrafos de todo el mundo incorporaron sus propuestas a lo largo del siglo XX, de modo que su espíritu libre y apasionado inspiró multitud de danzas con las que el público se sigue emocionando hoy en día.

SU NUEVO MODO DE BAILAR SUSCITÓ RECHAZO Y LUEGO ADMIRACIÓN.

CRONOLOGÍA

1877
Nace el 26 de mayo en San Francisco (Estados Unidos)

1899
Debuta como bailarina profesional en Chicago

1900
Se traslada a Europa, logrando la fama en los escenarios de Londres

1904
Abre su primera escuela de baile cerca de París. Fundaría otras en París (1914) y Moscú (1921)

1913
Sus dos hijos mueren tras caer al Sena el coche en el que viajaban

1922
Se casa a los 45 años con el poeta ruso Sergei Esenin. Se separan al año, y él se suicida en 1925

1924
Regresa a Europa y vuelve a los escenarios, pero es un fracaso de público y crítica

1927
El 14 de septiembre muere estrangulada en Niza mientras viaja en coche cuando el fular que lleva en el cuello se engancha en una rueda

FRANCES GLESSNER LEE

CRIMINALISTA

Nacida en Chicago en 1878, Lee fue una millonaria heredera con una pasión por el crimen que llegó a fundar el Departamento de Medicina Legal de la Universidad de Harvard, el primer programa dedicado al estudio de la medicina forense en los Estados Unidos.

REVOLUCIONARIA DE LA CIENCIA FORENSE

La vida de Frances Glessner Lee se parece a la de un personaje de novela negra, como las historias de Sherlock Holmes que a ella tanto le gustaban. La mujer que en su madurez revolucionaría la ciencia forense creció como una señorita de muy buena familia cuyo destino parecía, una vez más, escrito por sus padres: debía casarse con un caballero y dedicarse al hogar y la vida social. Al principio obedeció el mandato familiar. Renunció a su deseo de estudiar en la universidad, se casó con un abogado y fue madre. Pero finalmente se divorció y, aunque tarde, se concedió a sí misma lo que quería: comenzó a estudiar a los 52 años de edad, en 1930. Pero nunca se limitó a ser una alumna más.

Lee había desarrollado en su juventud un vivo interés por la investigación forense, campo en el que consideraba que había muchas cosas que mejorar. Y se entregó a esa tarea junto a su colega y amigo George Burgess Magrath, jefe del departamento de medicina forense en Boston. Lee era una gran defensora de la profesionalización de la medicina forense. Por entonces, esa especialidad médica estaba en manos de jueces de instrucción que no tenían los conocimientos médicos necesarios para detectar indicios no evidentes en las muertes violentas. Lee dedicó su generosa herencia a establecer en 1931 el Departamento de Medicina Legal en Harvard, primero de este tipo en los Estados Unidos. En 1933 fundó la Biblioteca George Burgess Magrath, con más de 1 000 libros raros que ella misma había coleccionado. Durante las décadas de los 40 y 50, Lee emprendió el gran proyecto de su vida. Se llamaba «Estudios acotados de muertes inexplicables» y consistía en una serie de 19 dioramas en miniaturas que representaban otras tantas escenas de crímenes reales y que creó para que los estudiantes de criminología estudiaran los casos de cerca, y no en abstracto. Así entrenarían su mirada para detectar cuándo, por ejemplo, un asesinato se había hecho pasar por un accidente

«MI PROBLEMA ES CONVENCER A LOS HOMBRES DE QUE SÉ DE LO QUE ESTOY HABLANDO».

o un suicidio. Sin embargo, Lee también quería probar que la evidencia visual no es suficiente para resolver el caso. Eran imprescindibles, decía, las autopsias y los test de laboratorio, que requerían una estrecha comunicación en el escenario del crimen entre médicos, policías e investigadores forenses.

En 1945, la Universidad de Harvard inauguró los Seminarios de Medicina Legal Frances Glessner Lee, donde se presentaron los dioramas. Lee se encargaba de llevar a las clases a expertos de todo el mundo, y los policías competían por conseguir una plaza como alumnos. Gracias a estos seminarios y al cambio de legislación que promovía incansablemente, Lee logró convertir el departamento de medicina legal de Harvard en un centro de formación de médicos forenses, y pronto otros siete estados sustituyeron a los jueces de instrucción por médicos forenses tal y como Lee propugnaba. En 1942, fue nombrada directora educativa de la policía de New Hampshire, convirtiéndose en la primera mujer en unirse a la Asociación Internacional de jefes de policía. Sus dioramas continúan siendo una valiosa herramienta de aprendizaje, incluso en la actual era digital. Lee falleció en 1962, a los 84 años.

Lo más curioso de las miniaturas es que fueron realizadas con el mimo y la originalidad de una obra de arte. Aunque cuentan macabras historias, a primera vista parecen casitas de muñecas con todos sus complementos. La atención al detalle es sencillamente asombrosa. Las llaves funcionan, las neveras están llenas y las figuras impecablemente vestidas. La propia Lee cosía sus ropitas, y también diseñaba los muebles y elegía la decoración con todo cuidado. Puso así en práctica la minuciosa educación doméstica que había recibido en su juventud, cuando no le permitieron ir a la universidad, pero sí le enseñaron a coser, bordar o decorar interiores. Así, Lee introdujo en el mundo de la investigación policial, hasta entonces un territorio fríamente masculino, una mirada femenina atenta a lo sutil, a lo que pasa desapercibido. Fue también una de las primeras en advertir que, tristemente, la violencia más cruel suele nacer entre las paredes de un hogar.

SUS FAMOSOS DIORAMAS O MAQUETAS OFRECÍAN UN DETALLADO ESCENARIO DEL CRIMEN.

CON UNA VOCACIÓN TARDÍA, FUE CAPAZ DE FUNDAR EL PRIMER PROGRAMA DE ESTUDIOS DE MEDICINA FORENSE EN ESTADOS UNIDOS.

CRONOLOGÍA

1978
Nace en Chicago
el 25 de marzo
1930
Comienza a estudiar
Criminología a los 52 años
1931
Funda el Departamento de
Medicina Legal en Harvard,
primero de este tipo en los
Estados Unidos
1942
Es nombrada directora
educativa de la policía
de New Hampshire
1945
la Universidad de Harvard
inaugura los Seminarios
de Medicina Legal Frances
Glessner Lee, donde
presenta sus famosos
dioramas
1962
Muere el 27 de enero en
Bethlehem, en Nuevo
Hampshire

THE CRIMINALS
Monster on our streets
WANTED

LISE MEITNER
CIENTÍFICA

Nacida en Viena en 1878, su descubrimiento de la fisión nuclear fue uno de los más importantes del siglo XX. Sin embargo, le fue injustamente negado el premio Nobel de Química de 1944, otorgado solo a su compañero de investigaciones. Aun así, Meitner es la única mujer que da nombre a un elemento de la tabla periódica.

CO-DESCUBRIDORA DE LA FISIÓN NUCLEAR

Meitner, que creció en una familia judía, contó con el apoyo de sus padres para emprender sus estudios, logrando doctorarse en física en la Universidad de Viena en una época en que las mujeres aún tenían muy limitado el acceso a la educación superior. En 1907 se estableció en Berlín, donde el prestigioso físico y matemático alemán Max Planck, fundador de la teoría cuántica, la admitió entre sus alumnos debido a su brillante expediente. En 1926 Meitner fue la primera mujer de Alemania en convertirse en profesora titular universitaria, enseñando física en la Universidad de Berlín.

Allí fue donde conoció a Otto Hahn, químico experimental con el que formó equipo. Él se benefició de los conocimientos teóricos de Meitner, y ella pudo trabajar con más medios, ya que las mujeres no lo tenían fácil, y de hecho hasta los 35 años Meitner no cobró por su trabajo. Con sus conocimientos de física y los de Hahn de química, en 1918 descubrieron el protactinio, un tipo de metal. La llegada al poder de Adolf Hitler la llevó a abandonar su cargo de profesora en 1938, emigrando a Suecia para huir de las leyes antisemitas. Allí se instaló con su sobrino y colaborador Otto Frisch y siguió investigando en la universidad de Estocolmo. Meitner y Frisch fueron los primeros en desarrollar una teoría sobre cómo los núcleos de un átomo podían romperse en partes más pequeñas, una idea que llevaba tiempo rondando pero que no había sido confirmada. Meses después, se reunió clandestinamente con Hahn en Copenhage para diseñar nuevos experimentos que finalmente llevaron al primer ejemplo de fisión nuclear. Este fenómeno fue explicado por Meitner, pero fue Hahn quien publicó los resultados en una revista científica en 1939 sin incluirla como coautora en el artículo aunque la participación de Meitner fue crucial

«¡NUNCA VOY A TENER NADA QUE VER CON UNA BOMBA!»

Lise Meitner.

y estaba bien documentada. La explicación oficial era que resultaba peligroso difundir el trabajo de una científica judía en la Alemania nazi. En cualquier caso, el resultado fue que Hahn recibió en 1944 el premio Nobel de Química "por su descubrimiento de la fisión de núcleos pesados". Con el tiempo, llegó a atribuirse todo el mérito por las investigaciones, olvidando la contribución fundamental de su colega.

De todos modos, la propia Meitner se desmarcó de las investigaciones cuando fue evidente que el descubrimiento de la fisión nuclear se iba a utilizar para crear una bomba atómica. Ella se negó a participar en el proyecto, a pesar de recibir una jugosa oferta: trasladarse a Estados Unidos para participar en el Proyecto Manhattan, que consistía en crear una bomba atómica antes que los nazis. Meitner rechazó rotundamente implicarse en aquel proyecto que tuvo como triste final el lanzamiento de la bomba atómica en 1945 sobre Hiroshima y Nagasaki.

LA CIENTÍFICA MÁS IMPORTANTE DEL SIGLO XX

ATOM

En 1982, dos investigadores alemanes lograron sintetizar por primera vez el elemento radiactivo que luego sería bautizado como meitnerio. Su objetivo, dijeron, era «hacer justicia a una víctima del racismo alemán y dar el justo crédito a una vida y trabajo científicos». Meitner se convirtió así en la única mujer que da nombre a un elemento. Hay otro que se llama curio, nombrado en honor a Marie Curie, pero también a su esposo Pierre.

Ella siguió trabajando como profesora e investigadora. Ni el nazismo ni las injusticias sufridas detuvieron nunca su pasión por la física y por promover el uso pacífico de la energía atómica. Y aunque nunca ganó el Nobel, sí recibió cinco doctorados «honoris causa» y varias condecoraciones, como el prestigioso premio Enrico Fermi, en 1966. En 1960 se jubiló y se retiró a vivir en Inglaterra, donde falleció en 1968, quedando para la historia como la mujer científica más importante del siglo xx. En la lápida de su tumba, su sobrino mandó escribir «Lise Meitner: una física que nunca perdió su humanidad».

ES LA ÚNICA MUJER QUE DA NOMBRE A UN ELEMENTO DE LA TABLA PERIÓDICA, Y ALBERT EINSTEIN LA LLAMABA «NUESTRA MARIE CURIE».

CRONOLOGÍA

1878
Nace en Viena (Austria) el 7 de noviembre

1926
Se convierte en la primera profesora titular universitaria de Alemania

1938
Las leyes antisemitas de Hitler la obligan a exiliarse en Suecia, donde sigue investigando

1939
Explica por primera vez el modelo de la fisión nuclear

1966
Recibe el premio Enrico Fermi, que reconoce a los mejores científicos del mundo

1968
Muere en Cambridge (Reino Unido) el 27 de octubre

EN SU HONOR, UN CRÁTER LUNAR, OTRO EN MARTE Y UN ASTEROIDE LLEVAN SU NOMBRE.

«UNA MUJER DEBE TENER DINERO
Y UNA HABITACIÓN PROPIA SI
DESEA ESCRIBIR FICCIÓN».

VIRGINIA WOOLF

ESCRITORA Y FEMINISTA

Nacida en Londres en 1882, Adeline Virginia Stephen creció en un ambiente intelectual. Su padre, el escritor y crítico literario Sir Leslie Stephen, decidió educarla en casa aunque sus hermanos varones sí fueron a la escuela. Pero una nutrida biblioteca y la presencia habitual de exitosos artistas sembraron la semilla del talento y la libertad de espíritu que caracterizaron a la novelista.

TRASCENDENCIA LITERARIA

Woolf está considerada una de las renovadoras de la novela moderna, junto a figuras masculinas como James Joyce o Franz Kafka. Su gran aportación a la literatura es la introducción del monólogo interior, con el que los personajes muestran su fluir de pensamientos, emociones y contradicciones íntimas, logrando que el lector se identifique con sus tribulaciones. Este recurso se refleja en su obra más famosa, «La señora Dalloway», y también en «Al faro» o «Las olas». En sus narraciones, la acción y los diálogos no son tan importantes como un lenguaje sembrado de imágenes poéticas y reflexiones personales.

Pero Virginia Woolf es tan conocida por sus novelas como por su ensayo más famoso, «Una habitación propia», en el que reivindicó la independencia económica y la necesidad de un espacio propio, real y metafórico, para las mujeres que querían desarrollar su creatividad, pero habitaban en un mundo donde solo se les permitía acceder a la maternidad y la vida doméstica. Woolf inventó un personaje, Judith, supuesta hermana de Shakespeare, que como ella también tuvo que quedarse en casa. «Tenía el mismo espíritu de aventura, la misma imaginación, la misma ansia de ver el mundo que él. Pero no la mandaron a la escuela...» Aunque Virginia cayó en un cierto olvido tras su muerte, este ensayo fue ensalzado por las feministas de los años 70.

«NO HAY BARRERA, CERRADURA NI CERROJO QUE PUEDAS IMPONER A LA LIBERTAD DE MI MENTE».

Virginia Woolf.

CRONOLOGÍA

1882
Nace en Londres
1915
Publica su primera novela,
«Fin de viaje»**1917**
Crea la editorial Hogarth
Press con su marido,
Leonard Woolf
1925
Publica «La señora
Dalloway», novela con la
que empieza a recibir la
aprobación de la crítica
literaria
1927
Publica la novela
«Al faro»
1928
Publica «Orlando»: una
biografía, su obra más
ambiciosa
1931
Publica la novela «Las olas»
1929
Publica el ensayo feminista
«Una habitación propia»
1941
El 28 de marzo se suicida
sumergiéndose en un río

La vida personal de Virginia no se puede separar de la profesional, ya que la escritura fue su manera de procesar y expresar su propia complejidad interna. Escribió siempre e intensamente: novelas, cuentos, una obra de teatro, crítica literaria, ensayos, diarios y cartas. La escritora padecía lo que hoy se conoce como trastorno bipolar, y su primera crisis depresiva tuvo lugar con solo 13 años tras la repentina muerte de su madre, Julia Prinsep Jackson, modelo de pintores prerrafaelitas. Poco después falleció su hermanastra Stella, que había heredado el papel de «madre». Pero la experiencia más devastadora de Virginia fueron los abusos sexuales que sufrió durante años por parte de dos de sus hermanastros y que fueron determinantes en su mala salud mental.

Cuando su padre también falleció, Virginia se mudó con sus hermanos Vanessa, Thoby y Adrian al barrio londinense de Bloomsbury, cerca del Museo Británico. Su casa se convirtió en centro de reunión de compañeros universitarios de Thoby, como el escritor E.M. Forster, el economista John Maynard Keynes y los filósofos Bertrand Russell y Ludwig Wittgenstein. Todos procedían de la Universidad de Cambridge y pasaron a la historia como el Grupo o Círculo de Bloomsbury.

Con uno de ellos, el escritor y economista Leonard Woolf, Virginia se casó a los 30 años. Juntos crearon la editorial Hogarth Press, donde se editó la obra de la propia Virginia y la de otros autores como Katherine Mansfield, T. S. Eliot o Sigmund Freud. El matrimonio duró hasta el fin de sus días, pero el Grupo de Bloomsbury defendía las relaciones abiertas, y Virginia mantuvo una con la escritora Vita Sackville-West. Ella le inspiró el protagonista de su novela «Orlando», que vive a lo largo de varios siglos siendo unas veces hombre y otras mujer.

Virginia, a quien su familia apodaba «The Goat» (la cabra), no logró enraizarse en la vida a pesar de su creciente éxito literario y de su matrimonio. Sus crisis fueron en aumento, y cuando los bombardeos nazis durante la Segunda Guerra Mundial destruyeron su casa de Londres cayó en una profunda depresión de la que ya no logró sobreponerse. El 28 de marzo de 1941 escribió varias notas de despedida, llenó de piedras los bolsillos de su abrigo y se dejó caer al río Ouse, que pasaba cerca de su casa. Semanas después, unos niños encontraron su cuerpo.

SU APORTACIÓN A LA LITERATURA FUE LA INTRODUCCIÓN DEL PENSAMIENTO DE LOS PERSONAJES.

SU HERMANA VANESSA BELL, UN TALENTO EN LA SOMBRA

Vanessa Bell (1879-1961), hermana y confidente de Virginia, fue una notable artista cuya figura se vio ensombrecida por la fama de esta. Sin embargo, siempre se llevaron bien y Vanessa diseñó las cubiertas de muchos libros de la escritora. Por su carácter dulce y su generosidad, en el Círculo de Bloomsbury la llamaban «La Santa». Además, ejerció el papel de cuidadora de la familia tras la muerte de su madre y la hermana mayor, Stella. Sin embargo, en su faceta profesional, Virginia Bell rompió todos los corsés. Mantuvo un matrimonio abierto, fue una activa pacifista y destacó como fotógrafa e interiorista. Pero sobre todo fue la pintora que introdujo el impresionismo en Inglaterra, aunque siempre se habló más de las novelas de su hermana que de su arte con los pinceles.

«SI NO CUENTAS TU PROPIA VERDAD, NO PUEDES CONTAR LA DE LOS DEMÁS».

BLOOMSBURY Y LAS MUJERES

El Círculo de Bloomsbury no solo destacó en lo artístico, sino también por su actitud vital. Rebelándose contra las rigideces de la moral victoriana, introdujeron en la sociedad inglesa el interés por el pacifismo, el feminismo y la libertad individual y muy especialmente sexual. Todos ellos mantuvieron complicadas relaciones abiertas e incluso intercambiaron amantes. Sin embargo, los miembros originales del grupo fueron muy reticentes a admitir mujeres en su seno. Salvo Virginia y Vanessa, ninguna fémina participó plenamente en sus actividades intelectuales. Sin embargo, alrededor del núcleo orbitaron mujeres tan notables como la pintora y decoradora Dora Carrington, la escritora neozelandesa Katherine Mansfield o Vita Sackville-West, la amante de Virginia. Aristócrata, escritora y diseñadora de jardines, su arrolladora personalidad no bastó para romper, una vez más, los muros del machismo.

EN SU CASA SE GESTÓ EL CÍRCULO DE BLOOMSBURY QUE, CONTRA LA MORAL VICTORIANA, PROCLAMABA RELACIONES AMOROSAS ABIERTAS.

COCO CHANEL

DISEÑADORA DE MODA

Nacida en Saumur (Francia) en 1883, durante los primeros años del siglo XX revolucionó la moda femenina, imponiendo una nueva forma de vestir que rompía completamente con las modas y las convenciones sociales que hasta entonces encorsetaban a las mujeres.

DIFÍCILES COMIENZOS

Su verdadero nombre era Gabrielle Chanel y procedía de una familia humilde. Con solo 12 años se quedó huérfana de madre y el padre, que era vendedor ambulante, la internó en un hospicio. Allí, las monjas la enseñaron a coser mientras que ella sola aprendió a tejer una biografía imaginaria en la que no tenían cabida las penurias, y sí el éxito, la riqueza y la fama. Hambrienta de libertad e independencia, muy joven abandonó el orfanato y comenzó a trabajar como dependienta en una mercería. Por las noches cantaba en un cabaret, donde deleitaba a los militares con picantes canciones de doble sentido. Ellos fueron quienes la apodaron Coco. Tenía 22 años cuando comenzó una relación con un hombre adinerado llamado Étienne Balsan, quien la introdujo en un ambiente de lujo, fiestas y gente mundana y con ganas de gastarse el dinero. Chanel convenció a Balsan para que pusiera el dinero que necesitaba para abrir su primer negocio. Pero antes de esperar su respuesta, huyó a París con Arthur Boy Capel, jugador de polo e íntimo amigo de su amante, que financió sus primeros negocios. Corría el año 1914 cuando Chanel compró un montón de sombreros en uno de los comercios más elegantes de París, los retocó para personalizarlos y los puso a la venta. Los vendió todos con suma rapidez, encontrando así el impulso definitivo para decidirse a abrir su propia casa de modas.

«EL ACTO MÁS VALIENTE ES PENSAR POR UNA MISMA. EN VOZ ALTA».

Coco Chanel

Con los beneficios de la sombrerería, Chanel abrió su primera tienda en París en 1910, seguida de otra en las elegantes Deauville y Biarritz. Pronto tuvo a su cargo a 300 empleados. Sus clientes eran las mujeres ricas, modernas y despreocupadas de la alta sociedad. El negocio marchaba viento en popa, pero no así su vida personal. Capel la abandonó para casarse con una aristócrata en 1918. Al año siguiente murió, sumiendo a Chanel en la tristeza. Tras la Primera Guerra Mundial, Chanel se instaló en el Hotel Ritz para dar el impulso definitivo a su negocio. Pronto logró que su desenfadado estilo se pusiera de moda, transformando por completo los gustos de las mujeres y la moda femenina. Fueron aquellos sus años de más éxito, pero la crisis de 1929 afectó gravemente a la empresa y Chanel tuvo que rebajar los precios de sus exclusivos modelos y cerrar sus salones. Para cambiar de aires, aceptó mudarse durante un tiempo a Hollywood para vestir a las estrellas de cine, invitada por el poderoso productor Samuel Goldwyn.

La Segunda Guerra Mundial conllevó una nueva crisis que le obligó a cerrar de nuevo sus salones, pero sobre todo, trajo consigo un grave revés personal. Chanel comenzó una relación con un oficial nazi, y en 1944 fue detenida bajo la acusación de colaboracionismo con los alemanes. Después, se exilió en Suiza. En los años 50, las modas cambiaron y se impuso un nuevo estilo de vestir, caracterizado por el llamado «new look» de Christian Dior. Sin embargo, Chanel protagonizó un nuevo regreso triunfal en 1954, reabriendo su casa de modas. Según le confesó a la actriz Marlene Dietrich, lo hizo porque se aburría. Y aunque padecía reuma y artritis y ya tenía 71 años, lanzó una de sus colecciones más famosas. Murió en 1971, en su cama del Hotel Ritz, a los 87 años, después de dar un paseo por París con una amiga.

LA REVOLUCIÓN DEL ESTILO CHANEL

Coco Chanel supo comprender lo que necesitaban las mujeres de los años 1920. En primer lugar, liberarse de corsés y ataduras físicas y sociales. Y después, adoptar un estilo elegante, pero informal. Su estilo es aún hoy en día reconocible al primer vistazo: vestidos rectos y sin ajustar, pantalones para mujer, perlas en el cuello, cabello corto al estilo «garçon», jerseys de punto estilo masculino, zapatos bicolores de tacón bajo o faldas plisadas. Además, acortó el largo de estas y puso de moda la delgadez y el bronceado. De sus muchas innovaciones, tal vez las más célebres son el vestido negro, los trajes de «tweed» sin cuello y ribeteados y el bolso en bandolera con cadena dorada. Los tres se consideran desde hace un siglo iconos de estilo, símbolos de elegancia y prendas básicas en el armario de la mujer elegante. Y cómo olvidar su perfume Chanel n.º 5, que lanzó al mercado en 1923 y sigue siendo hoy en día uno de los más vendidos.

ANTE EL AUGE DE LA MINIFALDA EN LOS AÑOS 1960, CHANEL SE MOSTRÓ EN CONTRA POR CONSIDERAR QUE LAS RODILLAS NO ERAN BONITAS Y DEBÍAN OCULTARSE.

«LA MODA PASA, EL ESTILO PERMANECE».

SEGÚN «VOGUE», EL «PEQUEÑO VESTIDO NEGRO» ERA «UNA SUERTE DE UNIFORME PARA TODAS LAS MUJERES CON GUSTO».

CRONOLOGÍA

1883
Nace en Saumur (Francia), el 19 de agosto
1914
Abre su primer negocio, una sombrerería, con gran éxito
1910
Abre su casa de modas con el nombre de Coco Chanel
1944
Es acusada de colaboracionismo por su relación con un oficial nazi y se exilia en Suiza
1954
Reabre su casa de modas a los 71 años
1971
Muere en Pars el 10 de enero

CLARA CAMPOAMOR

POLÍTICA Y ABOGADA

Nacida en 1888, Clara Campoamor fue abogada, escritora, política y, sobre todo, la mujer que logró el reconocimiento del derecho al voto femenino en España. Se aprobó en 1931, ejerciéndose por primera vez en las elecciones de 1933. La Guerra Civil la obligó a exiliarse, pero su legado permaneció.

IMPULSORA DEL VOTO FEMENINO EN ESPAÑA

Campoamor creció en una familia humilde y desde muy joven tuvo que trabajar para ganarse la vida. Fue modista, dependienta y telefonista. También ejerció como secretaria en un periódico conservador llamado «La Tribuna», donde comenzó a interesarse por la política e incluso publicó algún artículo.En su época, la gran mayoría de mujeres no estudiaban, pero Campoamor no se resignó a un destino de mujer pobre y analfabeta. Tenía ya 32 años cuando comenzó el Bachillerato, y después la carrera de Derecho. Tras licenciarse en 1924, abrió su propio bufete. Fue la segunda mujer en incorporarse al Colegio de Abogados de Madrid, un mes después que Victoria Kent.

Cuando se proclamó la república en abril de 1931, consideró que ella era la persona adecuada en el momento adecuado para reclamar el derecho al voto femenino. Así, se convirtió en diputada por Madrid con el Partido Radical Socialista, que se definía como «republicano, liberal, laico y democrático», y formó parte de la Comisión constitucional. El 1 de octubre de 1931 lideró un debate en el congreso frente a casi 500 hombres y otra mujer, Victoria Kent. Campoamor defendió apasionadamente la aprobación del artículo 36, que reconocía por vez primera el derecho de voto a las mujeres. Y lo consiguió. De hecho, fue la única sufragista del mundo que logró que se reconociera el sufragio femenino en la tribuna de un parlamento.Sin embargo, ni Victoria Kent ni sus compañeros de partido apoyaron a Campoamor, que se encontró sola con sus reivindicaciones. Kent creía que las mujeres españolas merecían ejercer ese derecho, pero que aún no estaban preparadas para ello. Por su parte, los hombres del Partido Radical Socialista no querían que las mujeres votaran porque se decantarían por los partidos conservadores. En aquel

> «DEFENDÍ EN CORTES CONSTITUYENTES LOS DERECHOS FEMENINOS. DEBER INDECLINABLE DE MUJER QUE NO PUEDE TRAICIONAR A SU SEXO».

debate se dijeron cosas como que las mujeres eran criaturas histéricas y sin criterio propio, sometidas al padre, al marido o al sacerdote. O que no podía concedérseles el derecho al voto hasta los 45 años, cuando la llegada de la menopausia les aportaría el juicio suficiente para afrontar tamaña responsabilidad. Con firmeza y racionalidad, Campoamor desmontó todos aquellos argumentos y advirtió a los diputados de que no podían construir una república democrática sin contar con la mitad de la población.

Sin embargo, Campoamor no consiguió renovar su escaño en las elecciones de 1933 (tampoco Victoria Kent, aquella rival de vida paralela), primeras en las que las mujeres pudieron votar. Al año siguiente abandonó el Partido Radical y trató de ingresar en Izquierda Republicana, pero este partido la rechazó. Entonces eligió la escritura como herramienta para seguir comunicando e influyendo con sus ideas. En 1935 publicó «Mi pecado mortal. El voto femenino y yo», donde narraba su lucha en primera persona. Campoamor ejerció diversos cargos para el gobierno republicano, fundó una organización llamada Unión Republicana Femenina y presidió durante un tiempo la Asociación Femenina Universitaria, que había sido fundada en 1920 por la pedagoga María de Maeztu.

MÁS DE 40 AÑOS DE EXILIO

Aquel largo camino recorrido encontró un abrupto final en 1938. Los franquistas estaban a punto de hacerse con el poder en España, y ella decidió exiliarse. Después, el dictador no le permitió regresar nunca. Vivió en Argentina y, desde 1955 hasta su muerte, en Suiza. Falleció solo tres años antes que Francisco Franco, sin poder ser testigo del fin de aquella larga dictadura que barrió de un plumazo las semillas sembradas por tantas mujeres españolas antes de 1936. Pero cuando las Cortes Constituyentes volvieron a reunirse en 1978, el trabajo de Clara Campoamor dio su fruto: nadie planteó siquiera que a las mujeres se les privara de ejercer su derecho al voto.

CLARA CAMPOAMOR

VICTORIA KENT

COMO DIPUTADA LUCHÓ POR EL SUFRAGIO FEMENINO Y PARADÓJICAMENTE, ANTE OTRA MUJER: VICTORIA KENT.

CRONOLOGÍA

1888
Nace el 12 de febrero en Madrid
1924
Obtiene su licenciatura en Derecho a los 36 años
1931
Logra que el Congreso español reconozca el derecho al voto femenino
1933
Pierde su escaño en las primeras elecciones en las que las mujeres, gracias a su esfuerzo, pueden votar
1938
Parte hacia el exilio ante el inminente triunfo del franquismo
1972
Muere en Lausana (Suiza) el 30 de abril

HECHA A SÍ MISMA, SU PROCEDENCIA HUMILDE NO FUE UN OBSTÁCULO PARA QUE ESTA INTELIGENTE MUJER SE LICENCIARA EN DERECHO YA CON 36 AÑOS.

GABRIELA MISTRAL

POETISA Y DIPLOMÁTICA

Lucila de María Godoy Alcayaga, nacida en Vicuña, Chile, en 1889, pasó a la historia como Gabriela Mistral, poeta y primera persona sudamericana en ganar el máximo galardón mundial de las letras.

PREMIO NOBEL DE LITERATURA

Hija de un profesor y una modista, Lucila siempre contó con su fuerza de voluntad para salir adelante sin grandes medios económicos. Pronto se despertó su vocación pedagógica, inspirada por una hermana mayor. Con solo 15 años fue ayudante de maestra, y con 19 ya ejercía en solitario. Además, durante esos años, la prensa local comenzó a publicar sus primeros escritos, incluyendo un artículo donde exigía que se respetara el derecho a la educación de las mujeres. En 1910 se trasladó a Santiago, donde aprobó los exámenes oficiales y comenzó a trabajar en varias escuelas alrededor del país. Los Juegos Florales de Chile en 1914 fueron el marco que la dio a conocer al gran público como poeta. Allí presentó «Los sonetos de la muerte», poemas dedicados a su prometido, que se había suicidado. Lo hizo ya con el seudónimo por el que sería conocida.

En 1992, Mistral ya comenzaba a ser una autora respetada e influyente, a la que el gobierno de México requirió para que colaborara en la reforma educativa del país. Allí fundó una escuela que lleva su nombre y contribuyó en la organización de varias bibliotecas públicas. Comenzó así un largo periplo viajero que duraría muchos años. Ese mismo año se publicó en Nueva York su primer poemario, «Desolación». Con él se convirtió en una de las autoras más prometedoras de la literatura latinoamericana. En México se editó su siguiente libro, «Lecturas para Mujeres» (1923), y en España apareció «Ternura» (1924).

Los años 30 fueron para Mistral una sucesión de viajes y experiencias vitales en el extranjero. Impartió clases y conferencias en Estados Unidos, Centro América y Europa. Inició también su carrera como cónsul en esta década. Y

«DONDE HAYA UN ÁRBOL QUE PLANTAR, PLÁNTALO TÚ. DONDE HAYA UN ERROR QUE ENMENDAR, ENMIÉNDALO TÚ. DONDE HAYA UN ESFUERZO QUE TODOS ESQUIVAN, HAZLO TÚ. SÉ TÚ EL QUE APARTA LA PIEDRA DEL CAMINO».

aunque era una autora internacionalmente reconocida, su vida nunca estuvo sobrada de lujos ni abundancia económica. Sin embargo, su nombre comenzó a ser propuesto para el Premio Nobel de Literatura.

FUE LA PRIMERA MUJER LATINOAMERICANA PREMIADA CON UN NOBEL.

En 1938 regresó a Sudamérica, publicando «Tala en Buenos Aires», cuyos beneficios cedió a niños víctimas de la guerra civil española. Los niños siempre tocaron su corazón, y de hecho muchos la conocen como una poeta dedicada al género infantil. Aunque ella nunca se casó ni fue madre, sí tuvo una estrecha relación con su sobrino, que murió de forma trágica en 1943. Ocurrió poco después del suicidio de otros de sus grandes amigos, el escritor Stefan Zweig y su esposa, ambos judíos que habían huido de la persecución nazi. Dos circunstancias que causaron una profunda herida en su alma.

POETA RECONOCIDA EN VIDA

NEWS

Dos años más tarde, en 1945, la Academia Sueca finalmente le otorgó el Premio Nobel de Literatura. En Chile, recibió el Premio Nacional de Literatura en 1951. Fue un regreso triunfal a su país, que fue seguido de la publicación del primer libro que editaba en Chile, «Lagar» (1954). Mistral murió en un hospital de Nueva York en 1957 a causa de un cáncer, tras lo cual el gobierno de Chile decretó tres días de luto. Tras su muerte, se publicaron nuevos poemas y textos que permanecían inéditos. Hoy en día, el Archivo del Escritor de la Biblioteca Nacional de Chile conserva un importante fondo documental dedicado al legado de esta mujer que conoció el reconocimiento profesional en vida. Su testamento está en su poesía, que derivó de la tendencia modernista inicial hacia un estilo directo, elaboradamente sencillo y musical, que conecta con la tradición folclórica y que canta con la voz de una mujer que amaba leer la Biblia y que habla de la ausencia de hijos, de la infancia perdida, del sufrimiento humano, la justicia social o el sentimiento de trascendencia.

UN PRIMER ESCRITO EN PRENSA LOCAL ERA FEMINISTA.

SU GRAN RECONOCIMIENTO INTERNACIONAL HA SEMBRADO EL MUNDO DE CENTROS CULTURALES, MUSEOS Y ESCUELAS QUE LLEVAN SU NOMBRE.

CRONOLOGÍA

1889
Nace en Vicuña (Chile) el 7 de abril
1922
Viaja a México para colaborar en la reforma educativa, iniciando su largo periplo por muchos países. También ese año publica «Desolación», su primer poemario
1924
Se editan «Lectura para mujeres» y «Ternura»
1932
Inicia su carrera consular
1938
Publica «Tala»
1945
Recibe el Premio Nobel de Literatura
1954
Publica «Lagar», su último poemario en vida
1957
Fallece en Nueva York el 10 de enero

«LA EXPERIENCIA ES UN BILLETE DE LOTERÍA COMPRADO DESPUÉS DEL SORTEO».

VICTORIA OCAMPO

ESCRITORA

Nacida en Buenos Aires con el sonoro nombre de Ramona Victoria Epifanía Rufina Ocampo en 1890, esta prolífica escritora, filántropa y feminista fue una de las figuras más sobresalientes de la vida cultural argentina del siglo xx.

ESCRITORA, EDITORA Y MECENAS

Ocampo tuvo una infancia privilegiada, siendo hija de una familia aristocrática y culta de Buenos Aires que se mudó a París cuando ella era pequeña. Se educó en casa y luego cursó estudios en la prestigiosa universidad de la Sorbona. Además, tuvo la oportunidad de viajar por todo el mundo y conocer a numerosos intelectuales que enriquecieron su formación. Desde bien joven, Ocampo se declaró feminista y mostró su pasión por la cultura y la literatura. Se casó en 1912 con Luis Bernardo de Estrada, con quien pronto dejó de entenderse. Instalada en Buenos Aires, la pareja solo hacía vida común en reuniones sociales, mientras que cada uno hacía su vida de puertas para adentro. Así estuvieron hasta su divorcio en 1922.

Su obra literaria fue extensa y continuada a lo largo de seis décadas. Comenzó a escribir en prensa en 1920, y después publicó su primer libro, «De Francesca a Beatrice» (1924). Otros de sus títulos destacados fueron Domingos en «Hyde Park» (1936), o «San Isidro» (1941). Dedicó muchos otros libros a analizar las figuras de otros artistas y personajes célebres, como Emily Brontë, Lawrence de Arabia, Virginia Woolf en su diario o Jorge Luis Borges. De todas sus obras, las más destacadas son la serie de 10 volúmenes «Testimonios» (1935-1977), que disecciona la sociedad argentina de su época, y su «Autobiografía» en seis volúmenes, que fue editada de manera póstuma, entre 1979 y 1984. En 1931 fundó la revista literaria «Sur», la más importante en la historia del país y quizás la publicación de este tipo más importante en lengua castellana, que se mantuvo en el mercado hasta 1971. En sus páginas escribieron autores tan prestigiosos como Octavio Paz, Ernesto Sábato, Gabriela Mistral o José Ortega y Gasset. Además, en su papel de editora, dio a conocer la obra de autores como Rabindranath Tagore,

«CREO QUE, DESDE HACE SIGLOS, TODA CONVERSACIÓN ENTRE EL HOMBRE Y LA MUJER EMPIEZA POR UN NO ME INTERRUMPAS DE PARTE DEL HOMBRE».

Victoria Ocampo

Federico García Lorca, Virginia Woolf o Jorge Luis Borges. Su labor como editora y mecenas fue tan intensa que llegó a eclipsar su faceta literaria. Pero ella adoraba recibir a todos aquellos colegas en su residencia, conocida Villa Ocampo y que se convirtió en refugio y punto de encuentro en Buenos Aires de la flor y nata de la literatura no solo argentina, sino también internacional.

Ocampo, que fue la única periodista iberoamericana que asistió a cubrir los juicios de Núremberg (entre 1945 y 1946) contra los cabecillas del nazismo, se presentó siempre como una mujer libre que disfrutaba de la compañía de sus amantes incluso estando casada, y que fue bien conocida por su defensa de los derechos civiles y el sufragio femenino. Republicana y antifascista, se posicionó públicamente en contra del régimen de Juan Domingo Perón, lo que la llevó a ser arrestada durante más de 20 días en el año 1953. En 1967 fue nombrada doctora «honoris causa» por la Universidad de Harvard. En 1976, se convirtió en la primera mujer en formar parte de la Academia Argentina de Letras. Tres años después, falleció en Buenos Aires tras una larga agonía. Su amigo, el intelectual Juan José Sebreli dijo de ella que, «en tiempos en que las mujeres tejían, bordaban, iban a misa con los ojos mirando al suelo, Victoria quería ser actriz, escribía obras de teatro, se bañaba en las playas de Mar del Plata, montaba a caballo, bailaba tangos, fumaba, manejaba autos y, por supuesto, se declaraba atea».

SU LABOR INTELECTUAL NO FUE MAYOR QUE SU COMPROMISO POLÍTICO FEMINISTA.

SILVINA OCAMPO, LA OTRA GRAN ESCRITORA DE LA FAMILIA

Casada con Adolfo Bioy Casares y a menudo eclipsada por el carisma de su esposo, su amigo Jorge Luis Borges y su propia hermana Victoria, Silvina Ocampo (1903-1993) fue una escritora, cuentista y poeta cuya obra ha sido justamente reivindicada en los últimos años. Su primer libro fue «Viaje olvidado» (1937) y el último «Las repeticiones», que se publicó póstumamente en 2006. Silvina, que antes de escritora fue una notable artista plástica, recibió el Premio Municipal de Literatura en 1954 y el Premio Nacional de Poesía en 1953 y 1962.

«MI ÚNICA AMBICIÓN ES LLEGAR A ESCRIBIR UN DÍA MÁS O MENOS BIEN, MÁS O MENOS MAL, PERO COMO UNA MUJER».

CRONOLOGÍA

1890
Nace en Ciudad de Buenos Aires (Argentina) el 7 de abril
1924
Publica su primer libro, «De Francesca a Beatrice»
1931
Funda la prestigiosa revista literaria «Sur»
1936
Funda la Unión Argentina de Mujeres
1953
Es arrestada durante 20 días por su oposición pública al peronismo.
1976
Es la primera mujer en formar parte de la Academia Argentina de Letras
1979
Muere en Beccar el 27 de enero

COMO EDITORA Y FUNDADORA DE LA REVISTA «SUR», FUE LA PLATAFORMA DE MULTITUD DE INTELECTUALES.

EULALIA GUZMÁN

PEDAGOGA Y ARQUEÓLOGA

Nacida en 1890, fue arqueóloga, maestra, pedagoga y sobre todo una ferviente feminista que dedicó su vida a luchar por los derechos de las mujeres y rescatar del olvido numerosos documentos de la historia de México. Aunque su memoria fue empañada por un tropiezo profesional, su aporte es incalculable.

FEMINISTA Y MAESTRA

ERA MUY INTELIGENTE E INQUIETA, SE INVOLUCRÓ EN MULTITUD DE FACETAS CULTURALES Y LLEGÓ A HABLAR CUATRO IDIOMAS.

Guzmán, que nació en San Pedro Piedra Gorda (hoy Cuauhtémoc), en el estado de Zacatecas, tenía ocho años cuando su familia se mudó a Ciudad de México en busca de una mejor calidad de vida.Siendo solo una adolescente que estudiaba para maestra, comenzó su activismo feminista. Ya tenía muy claro que no pensaba quedarse en casa para dedicarse a las labores del hogar. Junto a Hermila Galindo y otras pioneras, en 1906 fundó la agrupación política Admiradoras de Juárez, un club de mujeres que exigía el reconocimiento del derecho al voto femenino. En 1910 obtuvo su diploma para poder dedicarse a la enseñanza. En 1914, cuando tenía 24 años, el presidente Venustiano Carranza la envió a Estados Unidos para aprender nuevos métodos de enseñanza de geografía e historia. En 1922 asistió como representante de México al Primer Congreso Panamericano de Mujeres en Baltimore (Estados Unidos) y al Segundo Congreso Internacional de Educación Moral y Enseñanza de la Historia, en Ginebra (Suiza). Con 36 años obtuvo una beca que le permitió estudiar Ciencias durante tres años en universidades alemanas, y al regresar a México fue nombrada la primera jefa del Departamento de Alfabetización del país.

PIONERA DE LA ARQUEOLOGÍA MEXICANA

Su otra pasión fue la arqueología, de la que fue pionera en México. Comenzó a realizar exploraciones arqueológicas a los 23 años, logrando una gran experiencia que la llevó en 1934 a ser nombrada jefa del Departamento de Arqueología del Museo Nacional. Aunque las excavaciones le interesaban, finalmente se especializó en el campo de la historiografía. Entre 1936 y 1940 realizó un exhaustivo recorrido por bibliotecas de Alemania, Inglaterra, Austria o Italia, estudiando y recopilando valiosísimos documentos del México prehispánico, muchos de los cuales estaban en pésimo estado de conservación. Tras muchos años desarrollando una brillante labor como antropóloga, un desafortunado acontecimiento ensombreció su gran aportación. Todo comenzó cuando, bajo el altar de la iglesia de Ixcateopan, en el estado de Guerrero, se encontraron unos restos humanos y el gobierno federal encargó a Guzmán dirigir una excavación para identificar su origen. Ella aseguró que pertenecían a Cuauhtémoc, el último emperador azteca, y a su familia, causando una gran expectación. Otros expertos, sin embargo, realizaron su propia investigación y llegaron a la conclusión de que los huesos pertenecían a varias personas, incluyendo una mujer y dos niños, pero no podían ser de Cuauhtémoc, que había sido ejecutado por Hernán Cortés en el estado de Campeche, según constaba en diversos documentos.

Así, Guzmán quedó públicamente descalificada. Pero algo extraño había detrás de aquella historia. Algunas versiones aseguran que se trató de un engaño por parte de la población de Ixcateopan. Otras, que Guzmán fue presionada por el gobierno, que quería ensalzar la figura del emperador. Sin embargo, ella pasó el resto de su vida manteniendo su versión. Siguió dedicándose a la enseñanza y participando en congresos, haciendo caso omiso de quienes la cuestionaban, llamándola fanática y loca. Según historiadores recientes, esos calificativos tenían mucho de denigrantes, pues Guzmán era un personaje incómodo por su activismo feminista y por ser una de las poquísimas arqueólogas en un mundo de hombres. Tres meses antes de morir, a los 94 años, Guzmán solicitó al gobierno una nueva investigación. Se la negaron, pues ya se habían realizado otras previas que llegaron a la misma conclusión: los huesos no eran de Cuauhtémoc. Guzmán murió en 1985 en Ciudad de México. La ciudad de Ixcateopan pasó a llamarse «de Cuauhtémoc», adoptando el nombre del último emperador azteca y venerando los restos. Tuviera o no razón la veterana arqueóloga, el pueblo se la dio. En 2012, el Instituto Nacional de Antropología e Historia hizo público su extenso archivo, que contenía más de 3 200 expedientes sobre exploraciones en sitios arqueológicos de los estados de Oaxaca, Guerrero, Morelos y Chiapas. Quedó claro que Guzmán era, definitivamente, mucho más que una charlatana.

FUE ARQUEÓLOGA Y ANTROPÓLOGA DEL MÉXICO PREHISPÁNICO.

CRONOLOGÍA

1890
Nace en San Pedro Piedra Gorda, Zacatecas (México)
1906
Funda el grupo Admiradoras de Juárez, defensor del sufragio femenino
1934
Es nombrada jefa del Departamento de Arqueología del Museo Nacional de México
1949
Asegura haber descubierto los huesos de Cuauhtémoc, último emperador azteca, en la Ciudad de Ixcateopan
1985
Muere el 1 de enero en Ciudad de México

UNA SOLA EQUIVOCACIÓN PESÓ MÁS QUE SUS MUCHOS ACIERTOS Y TODA SU CARRERA FUE RIDICULIZADA.

Welcome back to school
2+2=4

DEDICÓ BUENA PARTE DE SU ACTIVIDAD PROFESIONAL A IMPULSAR LA EDUCACIÓN DE LAS MUJERES TRABAJADORAS Y LAS CLASES SOCIALES MÁS DESFAVORECIDAS.

ALFONSINA STORNI

POETA

Nació en 1892 en Sala Capriasca, Suiza, pero pronto regresó con sus padres a Argentina, donde habría de convertirse en una de las poetas más alabadas de Sudamérica, alzando su voz femenina entre las de sus colegas varones.

POETA DEL AMOR

Storni tuvo una infancia difícil, durante la cual le tocó dejar la escuela para trabajar duro en el Café Suizo que abrieron sus padres en la ciudad de Rosario. Sin embargo, el negocio fracasó debido al alcoholismo del padre, que murió cuando ella era adolescente. Entonces tuvo que ganarse la vida trabajando como obrera en una fábrica. Pronto dio muestras de su firme carácter al decidir que prefería ser actriz. En 1907 se unió a una compañía teatral con la que viajó por diversas provincias. Más tarde cursó estudios de maestra, y en 1911 se mudó a Buenos Aires. Allí, un año después, fue madre soltera con apenas 20 años. Su hijo no tenía padre conocido. No era una situación fácil para una mujer, pero Storni, sola y valiente, empezó a compaginar sus labores de maestra con la escritura.

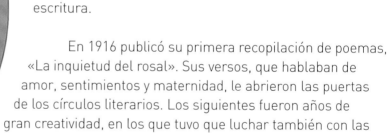

«SOY UN ALMA DESNUDA EN ESTOS VERSOS, ALMA DESNUDA QUE, ANGUSTIADA Y SOLA, VA DEJANDO SUS PÉTALOS DISPERSOS».

En 1916 publicó su primera recopilación de poemas, «La inquietud del rosal». Sus versos, que hablaban de amor, sentimientos y maternidad, le abrieron las puertas de los círculos literarios. Los siguientes fueron años de gran creatividad, en los que tuvo que luchar también con las estrecheces económicas. Publicó obras como «El dulce daño» (1918), «Irremediablemente» (1919) o «Languidez» (1920), que obtuvo varios premios. En 1925 publicó «Ocre», y al año siguiente, «Poemas de amor». En ambos se alejó del modernismo, movimiento en el que fue encuadrada en un principio, para hacer una poesía más libre y realista. Storni habla de amor, sentimientos, angustia, emoción. Y lo hace desde sus entrañas. Sus versos son el grito de una mujer que necesita expresarse para vivir, aunque tantas veces se la haya etiquetado como «poeta suicida». Junto a otras escritoras de la época como Gabriela Mistral y Juana de Ibarbourou, Storni fue pionera en Sudamérica a la hora de plasmar en sus versos una visión femenina del mundo. Su voz se hacía así un hueco entre las de sus aclamados colegas varones, expresando por sí misma sus anhelos, dolores y sentimientos desde su óptica abiertamente feminista. En los años siguientes publicó dos obras de teatro que fueron un fracaso de crítica y público, pero siguió escribiendo poesía. En 1934 publicó «Mundo de siete pozos», y en 1937 su último libro, «Mascarilla y trébol».

EN SUS VERSOS OFRECIÓ AL MUNDO LA VISIÓN QUE LAS MUJERES TIENEN DEL AMOR.

UN TRISTE SUICIDIO

En lo personal, las cosas no resultaron tan dulces. En 1935 le extirparon un pecho debido a un cáncer de mama. La enfermedad regresó, pero ella no quería seguir luchando, pues el tratamiento era muy penoso. El 18 de octubre viajó sola a Mar del Plata, donde se alojó en un hotel. Allí escribió un poema que se llamaba «Voy a dormir», y lo envió por correo al diario «La Nación». Storni se encontraba mal físicamente y sus ganas de vivir se habían evaporado. En verdad, no era la primera vez. Su carácter siempre tendió a la depresión y a las ideas paranoicas. Redactó varias cartas de despedida y el 25 de octubre salió del hotel sin que nadie la viera y se arrojó al mar desde un espigón del Club Argentino de Mujeres. Dejó una nota que decía: «Adiós. No me olviden. No puedo escribir más». Al día siguiente, «La Nación» publicó aquel poema de despedida. Su cuerpo fue recuperado y está enterrado en el cementerio de la Chacarita, en Buenos Aires.

ALFONSINA Y EL MAR

El suicidio de Alfonsina Storni quedó inmortalizado en una canción que en cierto modo quería convertir su trágico final en su último acto poético. «Alfonsina y el mar» fue compuesta por el pianista argentino Ariel Ramírez y el escritor Félix Luna, y la primera en cantarla fue Mercedes Sosa. Mil veces versionada, su letra dice: «Te vas Alfonsina con tu soledad, ¿qué poemas nuevos fuiste a buscar? Una voz antigua de viento y de sal te requiebra el alma y la está llevando y te vas hacia allá como en sueños, dormida, Alfonsina, vestida de mar».

CRONOLOGÍA

1892
Nace en Sala Capriasca (Suiza) el 29 de mayo
1911
Se muda a Buenos Aires, donde sale adelante como madre soltera
1916
Publica su primer poemario, «La inquietud del rosal»
1920
Obtiene varios premios por su libro «Languidez»
1935
Le extirpan un pecho a causa del cáncer
1937
Escribe su último libro, «Mascarilla y trébol»
1938
Se suicida el 25 de octubre en Mar del Plata (Argentina)

«ME LLAMARON ALFONSINA, QUE QUIERE DECIR DISPUESTA A TODO».

ÁNGELA RUIZ ROBLES

MAESTRA E INVENTORA

Si bien se considera al norteamericano Michael Hart como el creador del libro digital, en la España franquista existió, décadas antes, una mujer que inventó el primer dispositivo de libro electrónico. Se llamaba Ángela Ruiz Robles, más conocida como Doña Angelita, y fue maestra, pedagoga e inventora.

PRECURSORA DEL LIBRO ELECTRÓNICO

Hija de una familia acomodada, Ruiz nació en León en 1895 y se trasladó a Ferrol (Galicia) tras obtener su plaza de maestra por oposición. Siempre tuvo una decidida vocación pedagógica y entregó a la enseñanza buena parte de su vida. Además de dar clases en colegios, creó su propia academia para adultos y alfabetizó desinteresadamente a obreros sin medios económicos. Madre de tres hijas, también tuvo tiempo para escribir 16 libros y para concebir inventos como un atlas científico-gramatical y la que llamó «máquina taquimecanográfica». Pero fue en 1949 cuando patentó una genial creación que en aquella época parecía de ciencia ficción: la enciclopedia mecánica. En una entrevista de la época, un periodista lo definió como «un prototipo llamado a revolucionar el concepto que tenemos de los libros».

«ALIVIAR LA ENSEÑANZA. CON EL MÍNIMO ESFUERZO PARA CONSEGUIR LOS MÁXIMOS CONOCIMIENTOS».

«LOS LIBROS MECÁNICOS PROPORCIONAN MUCHÍSIMAS VENTAJAS. EL MÍO HA SIDO IDEADO PARA TODOS LOS IDIOMAS Y FACILITA GRANDEMENTE EL TRABAJO A PROFESORES Y ALUMNOS».

Se trataba de un soporte mecánico con aspecto de libro que constaba de dos partes. La primera incorporaba conocimientos básicos de lectura, escritura y cálculo. Presionando en sus letras y números se combinaban los caracteres para formar frases y cifras. La segunda parte funcionaba con carretes extraíbles que contenían lecciones de las distintas asignaturas escolares. Por din, también el dispositivo estaba cubierto por un protector irrompible y llevaba cristal de aumento y luz para leer en la oscuridad, ya fuera en vertical o en horizontal. Por fin, también, incluía grabaciones sonoras de las lecciones en español, inglés y francés e incorporaba la opción de que los maestros pudieran añadir sus propios materiales.

PEDAGOGÍA «ULTRAMODERNA»

Ruiz estaba muy orgullosa de lo que ella bautizó como «enciclopedia mecánica» y que creía necesaria por muchas razones. Lo presentaba en estos términos: «Aligera el peso de las carteras de los alumnos, hace más atractivo el aprendizaje y adapta la enseñanza al nivel de cada estudiante. Portátil, que pese poco, de uso en casa y en el colegio». El invento fue aprobado por el Ministerio de Educación de la época para ser utilizado como texto de enseñanza, pero no llegó nunca a entrar en las aulas, ya que nadie quiso aportar el dinero que hacía falta para construirlo. El prototipo original era de metal, y ese era un material muy caro para la época. Su creadora aseguró que podía construirse también con plástico, lo que abarataba mucho los costes, pero ni aun así logró encontrar inversores en las muchas ferias a las que acudió a presentar su creación.

Y es que ella quería que su enciclopedia mecánica, que definía como una pedagogía ultramoderna «que responde al progreso del vivir actual», viera la luz en España. Por eso rechazó una proposición de explotar sus patentes en Estados Unidos en 1970. Pero murió en 1975, pocos días antes que el dictador Franco, cuando aún faltaban cuatro décadas para que los colegios incorporaran los dispositivos electrónicos como algo habitual.

AGRIDULCE RECONOCIMIENTO

Si bien Doña Angelita nunca llegó a ver su rudimentario e-book en las carteras de los colegiales como tantas veces soñó, en vida recibió muchos reconocimientos a su incansable labor social y sus innovaciones pedagógicas. Esto no era precisamente común en los tiempos del franquismo tratándose de una mujer. Por ejemplo, en 1947 le fue otorgada la Cruz de Alfonso X el Sabio por su exitosa su carrera profesional. En 1962 ella misma dirigió el proceso de construcción de un prototipo de su enciclopedia mecánica, que actualmente se puede visitar en la exposición permanente del Museo Nacional de Ciencia y Tecnología de La Coruña. Y en 2011, la Universidad de Granada le hizo un homenaje reconociéndola públicamente como la precursora del libro electrónico.

SU VOCACIÓN COMO MAESTRA NO SOLO SE VIO EN LAS AULAS DE LOS COLEGIOS, SINO EN LA ACADEMIA DONDE ALFABETIZABA ADULTOS DE MANERA ALTRUISTA.

CRONOLOGÍA

1895
Nace el 28 de marzo de 1895 en Villamanín (León)
1947
Se le concede la Cruz de Alfonso X el Sabio
1949
Patenta la enciclopedia electrónica
1962
Dirige los trabajos para crear el prototipo de su enciclopedia
1970
Rechaza una oferta de Estados Unidos para desarrollar allí su invento
1975
Muere el 27 de octubre en Galicia

INVENTÓ UN VISIONARIO PROTOTIPO DE E-BOOK QUE NO LLEGÓ A COMERCIALIZARSE POR FALTA DE INVERSORES.

HERMILA GALINDO

ACTIVISTA Y POLÍTICA

Hermila Galindo, nacida en 1896, fue maestra, periodista y una gran oradora. Pero sobre todo la conocemos por ser pionera del movimiento feminista en México, dedicando su vida a defender los derechos de las mujeres y reclamar su derecho al voto.

DEFENSORA DEL DERECHO AL VOTO

Nacida en Ciudad Lerdo, Durango, su madre murió a los pocos días de nacer ella, así que fue criada por su tía y estudió para ejercer de maestra. En su juventud se trasladó a vivir a Ciudad de México, donde trabajó como secretaria y pronto se implicó en cuestiones políticas. Tras el derrocamiento del presidente Francisco I. Madero, luchó contra el gobierno de Victoriano Huerta, organizando clubes revolucionarios. En 1914 formó parte del comité de bienvenida al Ejército Constitucionalista, y así fue como conoció a Venustiano Carranza, que fue el primer presidente del país tras el triunfo de la revolución mexicana.

Pronto se convirtió en su secretaria personal, gozando de toda su confianza. Él la envió a participar al Congreso Feminista de Yucatán de 1916. Galindo supo aprovechar la ocasión, y presentó una revolucionaria ponencia en la que reclamaba el cumplimiento de los derechos políticos y sexuales de las mujeres. Además, organizó nuevos clubes revolucionarios en los estados de Veracruz, Tabasco, Campeche y Yucatán y viajó a La Habana para protestar contra la política intervencionista de Estados Unidos en México. Durante los debates previos a la constituyente de 1917, Galindo clamó aun con más fuerza en favor de las mujeres.

«ES DE ESTRICTA JUSTICIA QUE LA MUJER TENGA EL VOTO EN LAS ELECCIONES DE LAS AUTORIDADES, PORQUE SI ELLA TIENE OBLIGACIONES CON EL GRUPO SOCIAL, RAZONABLE ES QUE NO CAREZCA DE DERECHOS».

Con toda la fuerza y el empuje de sus 20 años, no dudó en enviar al Congreso una ponencia titulada «La mujer en el porvenir», donde volvía a reclamar la igualdad de género y señalaba a la religión como la culpable de la represión sexual que padecían miles de mujeres. Sin embargo, cuando la Constitución de 1917 se aprobó, no recogía el derecho al voto de las mujeres. «El hecho de que algunas mujeres, excepcionalmente, tengan las condiciones necesarias para ejercer satisfactoriamente los derechos políticos, no funda

la conclusión de que estos deben concederse a las mujeres como clase. Las mujeres no sienten pues, la necesidad de participar en los asuntos públicos». Estos eran los argumentos de aquellos hombres que habían hecho la revolución, pero solo para la mitad de la población. La decepción de Galindo fue considerable, pero ese fracaso no la detuvo. En 1918 se postuló como candidata a diputada, convirtiéndose en la primera mujer mexicana que aspiraba a un cargo por elección. Y aunque obtuvo la mayoría de votos necesarios, una vez más su sueño de lograr la igualdad se desmoronó cuando el Colegio Electoral rechazó el resultado.

Galindo, a pesar de todo, continuó en la política en las décadas de 1920 y 1930. Finalmente, en 1952 fue nombrada la primera mujer congresista, 34 años después de su primer intento. Un año más tarde, en 1953, logró ser testigo de cómo la Constitución recogía por fin el derecho al voto de las mujeres mexicanas. Su lucha, por fin, había dado fruto. Pero no fue una tarea solitaria. A lo largo de los años, otras mujeres se habían unido para reclamar lo que les pertenecía. Entre ellas, Elvia Carrillo Puerto, Adelina Zendejas, Adela Formoso de Obregón Santacilia o Amalia Castillo Ledón. Un año después, en 1954, un ataque cardiaco acabó con la vida de Hermila Galindo en Ciudad de México.

«MUJER MODERNA», UNA REVISTA REIVINDICATIVA

Hermila Galindo también ejerció de periodista, fundando en 1915 el semanario «Mujer Moderna». La revista se publicó semanalmente hasta 1918, e incluía temas tradicionalmente considerados femeninos, como artículos de moda, y también otros literarios y políticos. A través de sus páginas, Galindo y sus colaboradores defendieron la educación laica y sexual, y reclamaron la libertad femenina para disponer libremente de su sexualidad. Desde luego, no fueron ideas precisamente fáciles de aceptar para la sociedad de su época.

DESPUÉS DE UNA VIDA LUCHANDO, UN AÑO ANTES DE SU MUERTE VIO CUMPLIDO EL SUEÑO DEL DERECHO AL VOTO DE LA MUJER EN MÉXICO.

CRONOLOGÍA

1896
Nace en Ciudad Lerdo, Durango (México) el 29 de mayo
1916
Reclama públicamente el derecho al voto femenino en el Congreso Feminista de Yucatán
1917
Presenta la revolucionaria ponencia «La mujer en el porvenir» en el Congreso, en favor de la igualdad
1952
Se convierte en la primera mujer congresista de México. Un año después se reconoce en la Constitución el derecho al voto femenino
1954
Fallece en Ciudad de México el 18 de agosto

«PARA LAS OBLIGACIONES, LA LEY LA CONSIDERA IGUAL QUE AL HOMBRE. SOLAMENTE AL TRATARSE DE PRERROGATIVAS, LA DESCONOCE Y NO LE CONCEDE NINGUNA DE LAS QUE GOZA EL VARÓN».

CULPÓ A LA RELIGIÓN DE LA MALA EDUCACIÓN SEXUAL DE LAS MUJERES Y LA FALTA DE IGUALDAD SOCIAL.

AMELIA EARHART

AVIADORA

Carismática, feminista y toda una celebridad de su tiempo, la aviadora norteamericana nacida en Kansas en 1897 logró la fama al convertirse en la primera mujer en realizar una travesía en solitario por el Atlántico. Su brillante carrera tuvo un trágico final en 1937, cuando desapareció en un accidente justo antes de completar la vuelta al mundo a los mandos de su avión.

LA «REINA DEL AIRE»

Earhart creció en Chicago con su hermana y su madre, tras abandonar esta a su marido alcohólico, y estudió en las universidades de Columbia y Harvard. En 1917 colaboró como voluntaria en Canadá, atendiendo a los soldados heridos de la Primera Guerra Mundial. Aquel fue el momento en que los aviones comenzaron a gustarle y, cuando en 1920 se mudó a California, su afición se transformó en pasión. Su padre, que había vuelto a casa, le pagó un bautismo de aire de 10 minutos y ya nunca quiso dejar de volar. Trabajó como secretaria, fotógrafa y conductora de camiones para pagarse la licencia de piloto. En 1921 empezó a recibir clases de la piloto Neta Snook, y se compró su propio aeroplano, al que llamó «el canario». Dos años después logró su licencia de piloto de la Federación Aeronáutica Internacional. Era la mujer número 16 en obtenerla.

Con la separación definitiva de sus padres, tuvo que vender su «canario» y mudarse a Medford, cerca de Boston. Por fortuna pudo seguir en el negocio de la aviación. En 1928 se le presentó una singular oportunidad: le ofrecieron ser la primera mujer en cruzar el Atlántico en avión. Lo hizo, pero en realidad el avión fue pilotado por dos hombres. «Yo era el equipaje, como un saco de patatas», confesó. Pero algo le quedó claro: algún día lo volvería a hacer... ella sola. Aquella aventura, sin embargo, le reportó el beneficio de la fama. Los

«LO MÁS DIFÍCIL ES LA DECISIÓN DE ACTUAR, EL RESTO ES MERAMENTE TENACIDAD. LOS MIEDOS SON TIGRES DE PAPEL. PUEDES HACER CUALQUIER COSA QUE DECIDAS HACER. PUEDES ACTUAR PARA CAMBIAR Y CONTROLAR TU VIDA; EL PROCESO ES TU PROPIA RECOMPENSA».

CRONOLOGÍA

1897
Nace el 24 de julio de 1897 en Atchison, Kansas (Estados Unidos)
1921
Empieza a recibir clases de la piloto Neta Snook
1923
Es la mujer número 16 en obtener una licencia de piloto de la Federación Aeronáutica Internacional
1928
Se convierte en la primera mujer en cruzar el Atlántico en avión, aunque lo pilotan dos hombres
1932
Realiza su segundo vuelo a través del Atlántico, el primero en solitario para una mujer
1937
El 1 de junio emprende la vuelta al mundo junto a su copiloto. Un mes después el avión cae al mar. Nunca se encontraron los restos

tres pilotos fueron recibidos por el presidente de Estados Unidos. Y además, conoció al publicista George Putnam, que le organizó una gira de conferencias por el país y lucrativos acuerdos con marcas comerciales. Todo el mundo quería conocer a la «reina del aire». Ella, incansable y encantada con su popularidad, trabajó como editora asociada en la revista Cosmopolitan y fundó el club de aviadoras The Ninety-Nines.

En 1931 se casó con George Putnam. Aquel matrimonio no le hizo cambiar de apellido, como es común en los países anglosajones, y desde luego no frenó sus ambiciones profesionales. De hecho, llamaba a su marido «Señor Earhart» cuando los periódicos la citaban a ella como «Señora Putnam». La pareja, que vivía cerca de Hollywood, se convirtió en modelo de glamour y estilo. Earhart fue bautizada como «la novia de América». Era tan bella y estilosa como una actriz de cine, pero con la valentía y el desparpajo que para sí hubieran querido muchos hombres. El 20 de mayo de 1932 emprendió su segundo vuelo a través del Atlántico. Por fin lo hizo ella sola. Voló durante casi 15 horas desde Terranova hasta Irlanda, recibiendo toda clase de honores y reconocimientos al aterrizar. Sus siguientes vuelos fueron todo un acontecimiento. La gente iba a esperarla al aeropuerto en masa. Ella aprovechó aquella popularidad para promover el uso comercial de la aviación y defender los derechos de las mujeres piloto. Bien aconsejada por su esposo, que le recomendaba tomar siempre los mandos del avión al despegar y aterrizar para las fotos de prensa, fue también pionera en el dominio de su imagen pública, al estilo de las celebrities actuales.

LA VUELTA AL MUNDO EN AVIÓN

En 1937 anunció su aventura definitiva. Daría la vuelta al mundo utilizando una ruta distinta a la habitual. Junto a su copiloto, pretendía rodear el planeta en un bimotor siguiendo la línea del ecuador. Emprendieron el viaje el 1 de junio de 1937, volando desde Miami (Florida) hasta Sudamérica; de allí a África y posteriormente a las Indias Orientales.El 2 de julio realizaban la penúltima etapa del viaje, desde Lae (Nueva Guinea) a la isla Howland (junto a Australia). Ese día se recibió su última comunicación por radio, alertando a un guardacostas de que no lograban visualizar la isla y se estaban quedando sin combustible. Se cree que el avión cayó a unos 100 kilómetros de Howland, pero jamás se supo exactamente cuándo ni dónde desapareció a pesar de que el gobierno de Estados Unidos se volcó en la búsqueda durante semanas.

«LA VIDA ES ALGO MÁS QUE SER UNA PASAJERA».

Durante años circularon exóticas teorías y leyendas sobre su misteriosa desaparición, a cargo de investigadores privados que nunca dejaron de buscarla. Unos decían que sobrevivió como náufraga en una isla. Otros, que fue apresada por los japoneses y regresó a Estados Unidos con una identidad falsa.

En 2018, un análisis de medición ósea parece haber resuelto el misterio. Tras analizar los restos hallados en una isla remota en el Pacífico Sur, se cree que corresponden con los de la legendaria aviadora y su copiloto.Lo cierto es que la única huella visible de su presencia en la isla ante la que desapareció es un faro erigido en su honor, que recuerda la luz de aquella pionera capaz de hacer volar sus sueños y los de todos aquellos que alzaron los ojos al cielo para contemplarla.

MARIA NETA SNOOK, INSTRUCTORA DE EARHART Y PIONERA DE LA AVIACION

Aunque muchos la conocieron solo como la instructora de vuelo de Earhart, Maria Neta Snook (1896-1991) fue una asombrosa pionera en el mundo de la aviación. Aunque no tan famosa ni glamurosa como su pupila, ella fue la primera en hacer muchas cosas. Primera mujer aviadora en Iowa, primera alumna aceptada en la Escuela Curtiss de vuelo en Virginia. Primera mujer en montar un negocio en torno a la aviación. Y primera en dirigir un campo de aviación comercial. Allí fue donde, en 1921, Amelia Earhart le dijo: «Quiero volar. ¿Me enseñarás?». Desde entonces fueron grandes amigas. En 1981 fue reconocida como la piloto más longeva de Estados Unidos. Murió en 1991, a los 95 años.

«EL CORAJE ES EL PRECIO QUE LA VIDA EXIGE PARA GARANTIZAR LA PAZ».

Amelia Earhart

«CUANTO MÁS HACE, VE Y SE SIENTE UNA PERSONA MÁS CAPAZ DE HACER ES Y MÁS GENUINA PUEDE SER SU APRECIACIÓN PERSONAL DE LAS COSAS FUNDAMENTALES COMO EL HOGAR, EL AMOR Y LA COMPRENSIÓN DEL COMPAÑERISMO».

TAMARA DE LEMPICKA

PINTORA

Máxima representante del estilo Art Déco, la que fuera conocida como «la baronesa con pincel» vino al mundo en 1898 en una familia rica y fue una mujer libre que inmortalizó en sus lienzos el glamour de la época de entreguerras.

RETRATISTA DEL GLAMOUR

Nacida con el nombre de Maria Górska, su infancia transcurrió entre internados suizos y vacaciones aristocráticas en la Rusia pre-revolucionaria. Cuando tenía 12 años, su abuela la llevó a conocer las bellezas de Italia en un viaje que la marcó profundamente.

El estallido de la revolución rusa la obligó a exiliarse en París junto a su esposo, un rico abogado del que tomó el apellido y con el que se había casado a los 16 años. Lempicka se dedicó a perfeccionar su técnica y pronto se convirtió en la retratista preferida de la alta sociedad. Siendo ella misma de cuna aristocrática, le resultaba fácil hacer buenos contactos. En 1922 empezó a exhibir sus cuadros, aunque su nombre se omitió de los catálogos hasta que en 1925 inauguró su primera exposición en Milán, que mostraba los 28 lienzos que pintó en solo seis meses.

La artista era todo un personaje en el París de los locos años 20, pues se trataba de una mujer moderna y transgresora, que vestía de alta costura y parecía una estrella de cine. Eran los años del jazz y el charlestón, y en París triunfaba el Art Déco, un estilo donde predominaban los motivos geométricos y los tonos brillantes y que se ajustaba como un guante a la sofisticada Lempicka, como ocurría con la vida social parisina. La

SU ESMERADA EDUCACIÓN INCLUYÓ ARTE, IDIOMAS Y LOS PERFECTOS MODALES PARA CONDUCIRSE ENTRE LA ARISTOCRACIA.

Tamara de Lempicka

CRONOLOGÍA

1989
El 16 de mayo nace en
Varsovia (Polonia)
1923
Se establece en París
con su primer marido
1925
Inaugura su primera
exposición en Milán
1943
Se muda a Nueva York,
logrando el éxito también
en América
1966
Una exposición en París
le otorga el reconocimiento
definitivo tras años
en el olvido
1980
Fallece el 18 de marzo
en Cuernavaca, México

SU PINTURA
«AUTORRETRATO EN
BUGATTI VERDE» ES UN
HOMENAJE A LA MUERTE
DE ISADORA DUNCAN.

artista tuvo muchos amantes de ambos sexos y nunca ocultó que le encantaban las fiestas y la buena vida. La etapa parisina terminó cuando su esposo y ella se divorciaron. Su nuevo amor fue un barón húngaro, admirador y coleccionista de su obra, con el que Lempicka y su hija Kizette se mudaron a Estados Unidos al inicio de la Segunda Guerra Mundial. Allí se instalaron en Beverly Hills y luego en Nueva York. Lempicka encajó rápidamente en aquel entorno donde las estrellas de cine también la convirtieron, como años atrás hicieran los aristócratas de París, en su pintora favorita. La llamaban «la baronesa con pincel» e hizo furor en su faceta como interiorista, decorando las elegantes mansiones de sus nuevos amigos.

TRAS LA REVOLUCIÓN RUSA SE EXILÓ EN PARÍS.

FUE UNA ARTISTA RECONOCIDA EN LA CIUDAD DE LA LUZ.

Los años pasaron y Lempicka se lanzó a experimentar con otros estilos como el abstraccionismo, y cambió sus característicos retratos por los motivos florales. Pero todo el mundo la identificaba como la pintora que representaba el Art Decó, y que ya había pasado de moda, y su fama decayó. Los años dorados habían quedado atrás aunque ella no dejó los pinceles. Estaba ya casi olvidada cuando una exposición en París, en 1966, resucitó la «fiebre» Lempicka. En sus últimos años de vida se mudó a México con su hija. Murió en 1980 mientras dormía, a los 80 años. Su hija cumplió su último y extravagante deseo: que sus cenizas fueran esparcidas sobre el volcán Popocatepetl.

EN NUEVA YORK LAS ESTRELLAS DE HOLLYWOOD LA ENCUMBRARON DE NUEVO.

MUJERES LIBRES Y SOFISTICADAS

Los inconfundibles lienzos de Tamara de Lempicka tienen como protagonistas principales a mujeres modernas y libres que visten sofisticados conjuntos, posan sensualmente desnudas o conducen el volante de sus propios coches. Escenas que hoy nos resultan cotidianas, pero en los años 20 y 30 no lo eran tanto.

Lempicka fue pionera a la hora de representar este tipo mujeres fuertes y emancipadas, como lo era ella misma. A su manera, apoyaba la causa feminista y siempre mostró interés por participar en exposiciones junto a otras mujeres. Pero nunca lo hizo desde la pobreza, la represión o el sufrimiento. Su forma de ser una mujer libre consistía en disfrutar de la vida y de sus lujos. A diferencia de tantas otras artistas, a ella nadie le impidió estudiar, viajar ni expresarse. Por eso, Tamara de Lempicka no solo es la máxima representante del estilo Art Déco, sino también un inspirador modelo de mujer creadora que no pagó el precio de sufrir un destino trágico.

Al pintar, utilizaba tonos intensos y satinados que resaltaban entre fuertes contrastes de luces y sombras. Sus modelos, sofisticadas y altivas, posan entre rascacielos y autos modernos. Sin embargo, en sus figuras se percibe la influencia de maestros del renacimiento, como Boticelli, y de corrientes contemporáneas a la artista, como el cubismo. Su estilo influyó poderosamente en los primeros cómics y en diseñadores de moda como Karl Lagerfeld o Giorgio Armani.

SU PINTURA ESTÁ A MEDIO CAMINO ENTRE EL NEOCLÁSICO Y EL CUBISMO. SON RETRATOS QUE MUESTRAN EROTISMO, PERO TAMBIÉN ELEGANCIA Y SOFISTICACIÓN. SIEMPRE FUE LIBRE Y DISFRUTÓ DE UNA VIDA LUJOSA, ALEJADA DE LAS VIDAS TRÁGICAS DE OTRAS HEROÍNAS.

ELLA CREÓ SU PROPIO PERSONAJE EXCÉNTRICO Y UN TANTO LASCIVO, PERO ÚNICO.

MARÍA MOLINER

BIBLIOTECARIA

Bibliotecaria de profesión, María Moliner nació en Zaragoza en 1900 y en su madurez escribió, sola y en su casa, su «Diccionario del Uso del Español», más conocido como «Diccionario María Moliner».

AUTORA DE SU PROPIO DICCIONARIO

Moliner, que era licenciada en Historia, comenzó a trabajar como bibliotecaria a los 22 años. Durante la Segunda República se trasladó con su esposo e hijos a Valencia, donde ejerció su profesión con pasión, alternando su cargo de directora de la biblioteca universitaria con su vocación pedagógica. Ella quería que la cultura llegase a todo el mundo, y se unió a las Misiones Pedagógicas, desarrollando una red de bibliotecas populares.

En 1939, redactó las directrices del proyecto del Plan de Bibliotecas que es considerado el mejor plan bibliotecario de España. Pero su mejor proyecto aún estaba por llegar. Solo que su carrera fue interrumpida por la Guerra Civil y el franquismo. A causa de sus ideas afines a la República, fue considerada «roja», y castigada por ello. Le retiraron 18 puestos de su escalafón, impidiéndole progresar en su carrera. Su esposo era Fernando Ramón Ferrando, un catedrático abiertamente de izquierdas que fue despojado de su cátedra. La pareja estuvo a punto de exiliarse como tantos otros intelectuales progresistas, pero finalmente se quedaron en España. Ya en 1946, durante la posguerra, Ferrando fue rehabilitado en la Universidad de Salamanca.

«LA EDUCACIÓN ES LA BASE DEL PROGRESO; CONSIDERO QUE LEER ES UN DERECHO INCLUSO ESPIRITUAL».

La familia se trasladó a Madrid, donde Moliner comenzó a dirigir la Biblioteca de la Escuela Técnica Superior de Ingenieros Industriales de Madrid. Se mantuvo en el cargo hasta su jubilación en 1970. Fue en aquella época, a finales de los años 40, cuando comenzó a tomar cuerpo su idea de escribir un diccionario. Sería diferente al de la Real Academia Española. Ella, fiel a su espíritu, quería crear una herramienta sencilla y práctica que explicase a cualquier persona algo más que el significado de las palabras, pues también quería enseñarles cómo se usan y qué sinónimos tienen.

Tenía ya 50 años cuando emprendió aquel titánico proyecto largamente anhelado. Moliner escribía a mano, tomando notas sobre cada palabra. Sentada junto a su máquina de escribir, le dedicaba todas las horas que su trabajo de bibliotecaria y el cuidado de su familia le permitían. Con humor, uno de sus hijos contaba que, al preguntarle cuántos hermanos tenía, él respondía que «dos y un diccionario». La primera edición del diccionario apareció en 1966. Estaba organizado por familias de palabras e ilustrado con ejemplos que permitían entender fácilmente qué quería decir cada palabra y cómo se usaba. Era un diccionario popular que incluía muchas palabras de uso común que no estaban admitidas por el diccionario oficial de la Real Academia Española, aunque este las añadiría más tarde.

UNA APORTACIÓN NUNCA RECONOCIDA

El diccionario tuvo buena acogida y se ha reeditado incontables veces desde entonces, añadiendo cambios e innovaciones. El escritor Gabriel García Márquez lo definió como «el más completo, más útil, más acucioso y más divertido de la lengua castellana. Más de dos veces más largo que el de la Real Academia de la Lengua, y, a mi juicio, más de dos veces mejor».

Pero los académicos no fueron tan generosos. Más bien demostraron una gran mezquindad, al negarle a Moliner todo reconocimiento a pesar de su inestimable contribución. Durante los años 60, estuvo vetada en la Academia. En 1972, su incorporación fue rechazada en favor de un candidato varón. Y al año siguiente, cuando ella ya tenía 73 años, no le quedaban ganas de seguir aspirando a un sillón en aquella institución. Su marido estaba enfermo y su propia salud también decaía. Así que cuando la RAE le quiso otorgar el Premio Lorenzo Nieto López «por sus trabajos en pro de la lengua», ella lo rechazó. En 1977, la escritora Carmen Conde se convirtió en la primera mujer en ocupar un sillón en la Academia. Aunque tanto ella como el resto sabían que, si hubiera habido justicia, el puesto le habría correspondido a Moliner. La «académica sin sillón» falleció en 1981 a causa de una enfermedad degenerativa, dejando inacabada una segunda edición del diccionario.

«HABÍA UN PUNTO, EL DE LA TARDE, EN QUE REALMENTE ME SENTÍA VACÍA, SENTÍA QUE ALGO ME FALTABA Y ENTONCES ME PUSE A TRABAJAR EN EL DICCIONARIO CON TODO ENTUSIASMO».

CRONOLOGÍA

1900
Nace el 30 de marzo en Paniza (Zaragoza)
1946
Empieza a dirigir la Biblioteca de la Escuela Técnica Superior de Ingenieros Industriales de Madrid, cargo que mantendría hasta jubilarse en 1970
1950
Comienza a escribir su «Diccionario de Uso del Español»
1966
Publica la primera edición del «Diccionario María Moliner»
1981
Muere en Madrid el 22 de enero

NUNCA CONSIGUIÓ UN SILLÓN EN LA REAL ACADEMIA DE LA LENGUA,

EN MADRID DIRIGIÓ LA BIBLIOTECA DE INGENIEROS INDUSTRIALES.

MARUJA MALLO

PINTORA

Nacida en 1902 en la provincia de Lugo, Mallo fue uno de los miembros más destacados de la Generación del 27, así como una de las grandes figuras del surrealismo. Sin embargo, su condición de mujer libre hizo que los libros de texto la olvidaran al hablar de aquel grupo de artistas que también incluía a Federico García Lorca, Salvador Dalí o Rafael Alberti.

LA ARTISTA LIBERADA

Mallo, que en realidad se llamaba Ana María Gómez González, empezó a pintar desde niña con el apoyo de su padre. A los 20 años, la familia se trasladó a Madrid y ella ingresó en la Real Academia de Artes de San Fernando, donde su amigo Salvador Dalí la introdujo en el grupo de artistas que luego se conocería como la Generación del 27. Pero Mallo no estaba hecha para tomar lecciones sin rechistar. La Academia, que difícilmente aceptaba alumnas mujeres, le parecía demasiado rígida y pronto empezó a experimentar por su cuenta. Durante los años 20 ilustró algunas obras del poeta Rafael Alberti y también colaboró en la «Revista de Occidente» del filósofo Ortega y Gasset, quien le prestó el espacio para celebrar su primera exposición individual en Madrid. A partir de ahí, empezó el reconocimiento profesional para una mujer cuyo personaje a veces eclipsaba su trabajo. Vital, sin pelos en la lengua, vestida de colores y muy maquillada, Mallo era una personalidad arrolladora. También fue muy libre en su vida personal, y sostuvo relaciones sentimentales con poetas como Rafael Alberti, Miguel Hernández o Pablo Neruda, aunque siempre manteniendo su independencia.

«MI MAYOR CAPITAL ES LA SOLEDAD PORQUE ME DA TODO».

ℋ ℋallo

GRAN FIGURA DEL SURREALISMO

En los años 30 viajó a París, donde se consagró como uno de los máximos representantes del surrealismo y se codeó con maestros de ese movimiento, como René Magritte o Joan Miró. De vuelta a España, trabajó como profesora hasta que la Guerra Civil la condujo al exilio. De la mano de su amiga Gabriela Mistral, se instaló en Argentina. Allí obtuvo un gran reconocimiento profesional

y pasó 25 años de gran creatividad y plenitud personal. Recorrió Sudamérica e incorporó a sus cuadros elementos de la exuberante naturaleza que descubría en sus viajes y de los cultos religiosos. Si en épocas interiores había incorporado a sus lienzos materiales orgánicos como cenizas o cal, ahora incluía caracolas de la playa. También empezó a pintar retratos femeninos. Su obra es escasa, ya que cada uno de sus cuadros era el fruto de una preparación minuciosa, con esquemas detallados y dibujos geométricos calculados al milímetro. Durante sus años en el extranjero también pasó etapas en París o Nueva York, donde se hizo gran amiga de Andy Warhol, quien dijo que sus retratos eran los precursores del Pop Art norteamericano. Fue, en definitiva, un exilio sin penurias. Pero la vuelta a España no resultaría fácil. Ya eran los años 60 y todo había cambiado. En la España del franquismo, casi nadie recordaba ya a la extravagante pintora surrealista, aunque los integrantes de La Movida madrileña la reivindicaron como una de sus musas. Mallo dejó de pintar y murió en Madrid en 1995, a los 93 años.

EL PERSONAJE TERMINÓ FAGOCITANDO A LA ARTISTA Y ELLA MISMA SE AUTODENOMINABA MARÚNICA.

LAS «SINSOMBRERO»

La generación del 27 también fue femenina, aunque los libros de texto lo han olvidado. En la España de la República, que reconoció el derecho al voto de las mujeres por primera vez, hubo muchas artistas, creadoras e intelectuales. Maruja Mallo era una de ellas, pero también la pintora Margarita Manso, la filósofa María Zambrano, la escultora Marga Gil Roësset o las escritoras María Teresa León, Rosa Chacel o Concha Méndez. Eran colegas y amigas de Lorca y Dalí, aunque fueron ellos quienes se llevaron la fama. De hecho, el nombre por el que son conocidas se debe al gesto de quitarse el sombrero en público que protagonizaron Mallo, Manso, Dalí y Lorca: «Un día se nos ocurrió quitarnos el sombrero porque decíamos que parecía que estábamos congestionando las ideas y, atravesando la Puerta del Sol, nos apedrearon llamándonos de todo», contaba Mallo. Y es que ellas podían ser libres, pero hasta cierto punto. Tampoco duró mucho, ya que los años del franquismo borraron la huella de todas estas mujeres brillantes que tuvieron que callar o elegir el exilio para poder seguir caminando por la vida sin sombrero.

CRONOLOGÍA

1902
Nace el 5 de enero de 1902 en Galicia
1922
Empieza a estudiar en la Real Academia de Bellas Artes de San Fernando, en Madrid
1928
Primera exposición individual
1932
Expone por primera vez en París con los surrealistas
1937
Se exilia en Argentina por la Guerra Civil
1962
Regresa a España tras 25 años en el extranjero
1995
Muere en Madrid el 6 de febrero

GRACE HOPPER
MATEMÁTICA

Grace Hopper, nacida en Nueva York en 1906, fue militar y matemática especialista en informática. Conocida como «Amazing Grace», ha pasado a la Historia como la precursora del lenguaje COBOL, un compilador que resultó clave en el desarrollo de la computación moderna.

PRECURSORA DEL LENGUAJE INFORMÁTICO MODERNO

Hopper fue hija y nieta de militares que siempre fomentaron su amor por las matemáticas y la ciencia. Algo insólito para la época, más aun tratándose de un entorno conservador. Así que gracias al apoyo de su familia, entre 1924 y 1928 pudo estudiar física y matemática en el Vassar College de Nueva York, una universidad privada para mujeres donde se graduó con honores. En 1934 finalizó su doctorado en matemáticas en la universidad de Yale, donde fue profesora hasta que estalló la Segunda Guerra Mundial.En 1943, cerca de cumplir 40 años, se unió a la Marina norteamericana, que aprovechó su talento para enviarla a trabajar en un proyecto pionero: la construcción de la computadora experimental Mark I. Fue la encargada de calcular los coeficientes matemáticos del ordenador, y escribió un manual de 500 páginas que explicaba los principios elementales del funcionamiento de una «máquina informática».

«CUANDO EMPECÉ CON LA COMPUTACIÓN NO SABÍA NADA DE ORDENADORES. CLARO, YO HICE EL PRIMERO».

En 1949, terminada la guerra, entró a trabajar en la Eckert y Mauchly Computer Corporation, la empresa que creó los primeros ordenadores comerciales. Y aunque eran tiempos en los que tanto el gobierno como las empresas pretendían que las mujeres debían regresar a las tareas del hogar, ella trabajó en la compañía hasta 1971. Hopper tenía una misión: encontrar lenguajes de programación más sencillos y comprensibles a los no matemáticos para que los ordenadores llegaran a las oficinas y a la vida cotidiana. Ella estaba convencida de que tendría éxito, aunque todo el mundo le decía que eso era imposible.

Sin darse por vencida ni hacer caso de los mensajes negativos, en 1952 desarrolló una técnica que traducía los símbolos matemáticos a un código de instrucción binario y comprensible por la máquina. Se llamaba (A-0) y fue el primer

compilador de la historia. Tres años más tarde, presentó un programa de compilación (B-O) que usaba órdenes en inglés. Fue bautizado como Flow-Matic y utilizado para realizar tareas de facturación y pagos. Así fue como la visión de Hopper se hizo realidad: el ordenador estaba a punto de convertirse en una herramienta imprescindible en el mundo de la empresa. La mujer que tenía en su despacho un reloj que giraba al revés, para recordarse a sí misma la importancia de pensar de forma creativa e ir más allá de «lo de siempre», lo había conseguido.

Poco después de su lanzamiento, Flow-Matic inspiró la creación del primer lenguaje de programación orientado a la empresa (COBOL), que fue adoptado como lenguaje estándar por las empresas y la Marina norteamericana. Así se sentaron las bases para desarrollar ordenadores y programas mucho más fáciles de usar. Hasta ese momento, las computadoras eran máquinas monstruosas cuyo diseño y manejo requerían de titánicos esfuerzos.

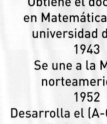

TAMBIÉN, OFICIAL DE LA MARINA

En 1986, Hopper tuvo que retirarse de la Marina. A sus 80 años, era la oficial de más edad. Dedicó sus últimos años a trabajar de consejera, pues era gran oradora a la que le gustaba hablar en público y que sabía captar el interés del público con sus palabras. Recibió numerosos reconocimientos a su carrera entre los que se encuentran más de 40 doctorados «honoris causa», así como un extravagante premio al «Hombre del año» en 1969. Desde 1994 se celebra en su honor el congreso Grace Hopper Celebration of Women in Computing, que pretende impulsar la presencia de mujeres en el mundo de la tecnología. Hopper falleció en 1992 a los 85 años, en su domicilio de Arlington, Virginia. Fue enterrada con todos los honores militares.

DESDE 1994 SE CELEBRA EL CONGRESO GRACE HOPPER.

CRONOLOGÍA

1906
Nace en Nueva York (Estados Unidos) l día 9 de diciembre
1934
Obtiene el doctorado en Matemáticas por la universidad de Yale
1943
Se une a la Marina norteamericana
1952
Desarrolla el (A-O), primer compilador de la historia
1955
Presenta el programa de compilación (B-O) que usaba órdenes en inglés y fue bautizado como Flow-Matic
1986
Se retira de la Marina a los 80 años
1992
Fallece mientras dormía en su domicilio de Arlington (Estados Unidos) el 1 de enero

«SI TIENES UNA IDEA, LLÉVALA A CABO. ES MÁS FÁCIL PEDIR PERDÓN QUE PEDIR PERMISO».

LEE MILLER

FOTÓGRAFA

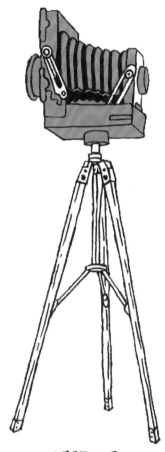

Miller, nacida en 1907 en Nueva York, destacó en su juventud como una gran modelo. Luego pasó al otro lado de la cámara, desplegando un talento que la convirtió en una de las mejores fotógrafas del siglo XX.

PRIMERO MODELO Y DESPUÉS FOTÓGRAFA

Miller era hija de un ingeniero que adoraba la fotografía y le enseñó todos los secretos del oficio. Por desgracia, también la retrató desnuda durante toda su infancia y su juventud. Algo muy turbio había en aquellas sesiones, sobre todo teniendo en cuenta que la pequeña fue violada por un familiar (probablemente su propio padre) que le contagió la gonorrea.

Bien joven se mudó a Nueva York, ansiosa por labrarse una vida independiente lejos de su familia. Como en una película, un encuentro casual cambió su vida: conoció al famoso editor de prensa Condé Nast, fundador de las prestigiosas revistas «Vogue», «Vanity Fair» y «The New Yorker», cuando este la salvó de ser atropellada por un coche mientras cruzaba la calle. Fascinado, la contrató como modelo para «Vogue». Así fue como, con solo 19 años, Lee se convirtió en uno de los rostros más solicitados de Nueva York. Su manera de posar, luciendo una belleza rotunda y un gesto distante, ha sido copiada hasta la saciedad por todas las modelos posteriores a ella.

Pero Miller no pensaba volver a ser fotografiada una y otra vez. Ella quería contar historias desde el otro lado de la cámara. Voló a París en 1929 para buscar al maestro de sus sueños, el fotógrafo Man Ray. No tardaron en convertirse en profesor y alumna primero, y en amantes después. Pero Miller fue mucho más que una musa. Se volvió una más del círculo de los

MUJER DE MÚLTIPLES VIDAS, SUPO REINVENTARSE UNA Y OTRA VEZ. FUE MODELO, FOTÓGRAFA, COCINERA GOURMET... PICASSO LA PINTÓ HASTA EN SEIS OCASIONES Y SE BAÑÓ EN LA BAÑERA DE HITLER.

CRONOLOGÍA

surrealistas y cubistas, y demostró tener un gran talento. Ella fue quien descubrió y perfeccionó la técnica de la solarización y vivió junto a Man Ray una etapa gloriosa de pasión y creatividad. Pero ella era una mujer promiscua, y él un hombre celoso. Al parecer, sus celos no solo eran sentimentales, sino también profesionales. La alumna se había convertido en una excelente fotógrafa. De hecho, se cree que bastantes de las imágenes firmadas por él en realidad fueron obra de Miller.

Rompieron, y ella se casó en 1934 con Aziz Eloui Bey, un millonario egipcio con quien se instaló en El Cairo. Durante unos años se dedicó a tomar hermosas fotografías, pero aquella vida exótica la acabó cansando. De vuelta en París, conoció al pintor y coleccionista inglés Roland Penrose, que fue su amor definitivo.

TESTIGO DE LA SEGUNDA GUERRA MUNDIAL

En 1940 se encontraba en Londres cuando comenzaron los bombardeos de la Segunda Guerra Mundial. Miller trabajó para la edición británica de «Vogue». Pero ella quería quería fotografiar la guerra desde sus tripas. En 1944 logró ser la única fotógrafa acreditada por el ejército de Estados Unidos. Junto a David Sherman, corresponsal de la revista «Life», fue testigo de numerosos hechos históricos. Para la historia quedan sus impactantes imágenes de la liberación de París, la batalla de Alsacia, los hospitales de huérfanos de Viena o los horrores de los campos de concentración de Buchenwald y Dachau.

FUE UNA DE LAS PRIMERAS FOTOPERIODISTAS Y LA ÚNICA ACREDITADA POR EL EJÉRCITO AMERICANO DURANTE LA SEGUNDA GUERRA MUNDIAL.

Sus imágenes, entre descarnadas y surrealistas,

tenían una gran fuerza, y además solían ir acompañadas de textos en los que mostraba su aguda e incisiva visión de los hechos que documentaba. Pero de todas sus fotografías, la más impactante es una que no necesita palabras ni explicaciones: aquella en la que aparece ella misma desnuda dentro de la bañera de Adolf Hitler, con un retrato del dictador al lado.

Regresó a Londres en 1946, pero la vida tras la guerra no le trajo paz. Comenzó a sufrir depresiones que serían diagnosticadas como síndrome de estrés postraumático. La revista «Vogue» seguía ofreciéndole trabajo, pero a ella cada vez le aburría más el mundo de la moda. Cuando descubrió que estaba embarazada, ya a los 40 años, se casó con Penrose y se instalaron en una granja que en los años 50 y 60 se convirtió en punto de encuentro para sus amigos artistas. Man Ray, Henry Moore, Joan Miró o Pablo Picasso eran invitados habituales.

Con el tiempo, Miller dejó descansar su cámara y se reinventó por tercera vez. Ahora era conocida como Lady Penrose y destacaba en una nueva pasión: la cocina. Se convirtió en una experta chef, que obtuvo premios y reconocimientos con sus sofisticados platos, a los que ponía poéticos títulos. La maternidad, en cambio, no la hizo feliz. Su hijo aseguraba que no tenía instinto maternal.

Murió de cáncer en su casa de campo a los 70 años, en 1977. Si bien algunos quisieron recordarla solo en su faceta de modelo y musa, la labor de divulgación hecha por su hijo de su archivo de 40 000 imágenes dejó bien claro que Lee Miller había sido una de las grandes fotógrafas del siglo XX.

EN 1947 SE FUNDÓ LA PRESTIGIOSA AGENCIA DE FOTOGRAFÍA MAGNUM, DE LA QUE MILLER FUE UNA DE SUS PRIMERAS PARTICIPANTES.

«LE SIGO CONTANDO A TODO EL MUNDO QUE NO HE MALGASTADO NI UN MINUTO DE MI VIDA; LO HE PASADO MARAVILLOSAMENTE, PERO SÉ, EN EL FONDO DE MÍ MISMA, QUE SI TUVIERA QUE VOLVER A VIVIR SERÍA AÚN MÁS LIBRE CON MIS IDEAS, CON MI CUERPO Y CON MIS AFECTOS».

«CUANDO MUERA, QUEMEN MI CUERPO... NO QUIERO SER ENTERRADA. HE PASADO MUCHO TIEMPO ACOSTADA. ¡SIMPLEMENTE QUÉMENLO!»

FRIDA KAHLO
PINTORA

La más famosa de las pintoras mexicanas nació como Magdalena Carmen Frida Kahlo en 1907, y pasaría a la historia por su personalísima manera de convertir el arte en una vía de expresión de su torturado mundo interior.

PINTORA DEL SUFRIMIENTO INTERIOR

Hija de un fotógrafo inmigrante alemán y una mexicana, con seis años contrajo una poliomelitis que le hizo pasar nueve meses en cama y varias cirugías, aunque su padre siempre la animó a fortalecerse haciendo deportes atípicos para las mujeres de la época, como el boxeo.

Pero la verdadera tragedia sucedió a sus 18 años, cuando el autobús donde viajaba fue arrollado por un tranvía. El accidente le fracturó la columna vertebral, y le destrozó la clavícula, varias costillas y una pierna. Un pasamanos entró por su cadera y salió por la vagina. Kahlo ya nunca podría tener hijos y sufrió más de 30 operaciones, además de tener que llevar corsés y pasar largos periodos inmovilizada. Durante su convalecencia empezó a pintar, ayudándose de un aparato que le construyeron para hacerlo tumbada, pues ni siquiera podía sentarse. Ya desde el principio se tomó a sí misma como modelo para su obra, «porque paso mucho tiempo sola y porque soy el motivo que mejor conozco.» En sus retratos empleaba elementos simbólicos que aludían a sus propias vivencias y emociones, como monos, plantas, camas o esqueletos.

En 1929, a los 22 años, se casó con el pintor más famoso del país, el muralista Diego Rivera. Pasaron unos años juntos en Estaos Unidos, y en esa época Kahlo sufrió un aborto que le inspiró uno de sus cuadros más famosos y que la sumió en una profunda tristeza. En 1939 expuso en Francia por invitación del poeta André Breton, quien quiso

CRONOLOGÍA

1907
Nace en Coyoacán,
(México), el 6 julio
1925
Sufre el accidente
de tráfico que le deja graves
secuelas de por vida
1929
Se casa con Diego Rivera
1939
Expone sus pinturas
en Francia
1950
Es hospitalizada
durante un año
1953
Primera y única exposición
individual en México
1954
Fallece el 13 de julio
a los 47 años

incluir a Kahlo entre los surrealistas. Pero ella lo tenía claro: «Yo nunca he pintado sueños, lo que yo he representado era mi realidad», decía, exponiendo la clave de su obra. Hasta entonces, Frida Kahlo pintaba básicamente para sí misma, y le costaba aceptar que su obra tuviera algún interés. Sin embargo, artistas tan consagrados como Picasso le demostraron su total admiración y el interés sobre su obra fue en aumento durante los años 40.

En 1950, Kahlo fue hospitalizada durante todo un año. En 1953 se celebró su primera y única exposición en solitario en México. Como dijo un crítico: «Es imposible el separar la vida y el trabajo de esta persona extraordinaria. Sus cuadros son su biografía». El arte y la vida eran inseparables en ella. Tanto es así que, como los médicos le dijeron que no debía levantarse, acudió a la inauguración en ambulancia e hizo plantar su cama en el centro de la sala de exposiciones.

Ese mismo año le amputaron media pierna por una infección de gangrena. Esto la llevó a intentar el suicidio en un par de ocasiones con las medicinas que tomaba para calmar el dolor. Durante esta época también escribía poemas y reflexiones personales en su diario, utilizando la escritura como su otra herramienta balsámica. En el verano de 1954 apareció por última vez en público en una manifestación comunista. El 13 de julio falleció, a causa de una trombosis pulmonar, a los 47 años. La ultima entrada de su diario decía: «Espero alegre la salida y espero no volver jamás». Sus cenizas se exhiben en la Casa Azul, donde vivió y que hoy es el Museo Frida Kahlo en Ciudad de México.

AUTORRETRATOS SIMBÓLICOS

Buena parte de su obra son autorretratos, aunque también pintó niños, naturalezas muertas y obras inspiradas en la iconografía mexicana tradicional. En los lienzos, la Frida pintada mira al frente con bravura, mostrando sin pudor sus dolores físicos y sus penas más íntimas. Son figuras estáticas y coloridas, rodeadas de elementos simbólicos y que reflejan el abismo que había entre su limitada realidad cotidiana y sus anhelos de una vida libre de sufrimiento. A través de sus pinceles, Kahlo se libera de sus demonios y conecta con el dolor de quienes la observan y del propio pueblo mexicano. Sin embargo, su obra tardó mucho tiempo en lograr el reconocimiento definitivo. Kahlo cayó en un cierto olvido tras su muerte, pero el movimiento feminista la rescató a partir de los años 70. Desde entonces, es un verdadero mito de fama mundial.

«AMURALLAR EL PROPIO SUFRIMIENTO ES ARRIESGARSE A QUE TE DEVORE DESDE EL INTERIOR».

«EL ELEFANTE Y LA PALOMA»

La vida de Frida Kahlo es inseparable de la de su marido, el muralista Diego Rivera. Se casaron en 1929 y la suya fue siempre una relación tempestuosa marcada por el dolor que sentía la artista al no poder darle hijos, aunque él (20 años mayor) ya tenía varios y Kahlo era su tercera esposa. Diego era un hombre alto y obeso, mientras que el cuerpo de ella era pequeño y frágil. «El elefante y la paloma», los llamaron. Para Kahlo, su esposo lo era todo, aunque ambos se fueron infieles. Pero el pintor cruzó el límite al relacionarse con Cristina, la querida hermana pequeña de Kahlo, lo que les condujo al divorcio en 1939. Más tarde volvieron a casarse, pero esta vez hicieron un pacto de no exclusividad sexual. Se amaban, se complementaban, se necesitaban, se desquiciaban. «Sufrí dos graves accidentes en mi vida... Uno en el cual un tranvía me arrolló y el segundo fue Diego», escribió ella. A pesar de todo, Rivera siempre fue un rendido admirador de su arte.

«LA PINTURA HA LLENADO MI VIDA. HE PERDIDO TRES HIJOS Y OTRA SERIE DE COSAS QUE HUBIESEN PODIDO LLENAR MI HORRIBLE VIDA. LA PINTURA LO HA SUSTITUIDO TODO. CREO QUE NO HAY NADA MEJOR QUE EL TRABAJO».

TAN FRÁGIL, TAN FUERTE

Frida Kahlo es tan conocida por sus pinturas como por su poderosa presencia. A pesar de sus muchas limitaciones físicas, sus retratos transmiten fuerza y un estilo propio inconfundible basado en el contraste de sus rasgos masculinos (las cejas juntas y el bigotillo) con sus coloridos «looks» a base de vestidos largos, flores y abalorios con los que reivindicaba sus raíces mexicanas. Ese estilo resultaba rompedor porque era una creación suya, lejos de los cánones de belleza tradicional instaurados por los hombres, y se convirtió en fuente de inspiración para otras artistas que utilizaron su aspecto físico como tarjeta de presentación, como Madonna.

SIMONE DE BEAUVOIR
ESCRITORA Y FILÓSOFA

La filósofa francesa, nacida en 1908, es la autora de «El segundo sexo», texto que revolucionó a la sociedad de su tiempo y se convirtió en referente absoluto del feminismo. Fue además una prolífica escritora, considerada una de los principales representantes del movimiento existencialista ateo junto a su compañero de vida Jean-Paul Sartre.

IDEÓLOGA DEL FEMINISMO

Nacida en París, De Beauvoir procedía de una familia burguesa y fue siempre una brillante alumna. En la universidad de la Sorbona, donde se licenció en filosofía, conoció a Jean-Paul Sartre, filósofo y escritor como ella, que se convirtió en su compañero de por vida. Hasta 1943, se dedicó a dar clases en distintas ciudades. Debutó como escritora ese mismo año con la novela «La invitada» (1943), a la que siguió «La sangre de los otros» (1944). Pronto se posicionó públicamente como una intelectual comprometida con el existencialismo ateo, y en 1945 fundó, junto a Sartre y otros autores tan prestigiosos como Albert Camus, la revista «Tiempos Modernos», referente político y cultural del pensamiento francés de mitad del siglo xx.

«EL DÍA QUE UNA MUJER PUEDA NO AMAR CON SU DEBILIDAD SINO CON SU FUERZA, NO ESCAPAR DE SÍ MISMA SINO ENCONTRARSE, NO HUMILLARSE SINO AFIRMARSE; ESE DÍA EL AMOR SERÁ PARA ELLA, COMO PARA EL HOMBRE, FUENTE DE VIDA Y NO UN PELIGRO MORTAL».

Tras varias novelas más, en 1949 publicó su ensayo más famoso, «El segundo sexo». Se convirtió en un éxito de venta inmediato, generando una intensa polémica. No en vano salió a la venta en un momento en que las mujeres habían regresado al hogar después de trabajar fuera durante la Segunda Guerra Mundial, y sus argumentos cayeron como una bomba. De Beauvoir denunciaba que, a causa de la opresión masculina, la mujer se veía confinada a las tareas del hogar y a la maternidad, quedando excluida de

los procesos de producción. Para ella, la emancipación femenina era una cuestión económica. Si las mujeres pudieran controlar la natalidad y trabajar igual que los hombres, en el contexto de un sistema socialista, las desigualdades llegarían a su fin. Estas ideas, ampliamente aceptadas por las feministas de los años 70, fueron revolucionarias en su momento, pues muchas mujeres estaban cansadas de ser «el otro», mientras que los hombres eran el centro y la medida de todo. Sin embargo, en los últimos años, De Beauvoir ha sido muy cuestionada por la nueva generación de feministas, que no están de acuerdo con su desvalorización de la feminidad y la maternidad. Con otras feministas, De Beauvoir fundó la Liga de los Derechos de la Mujer, una plataforma que denunciaba las discriminaciones sexistas, y defendió durante toda su vida la libre contracepción y el aborto. De forma paralela, continuó con su exitosa carrera literaria. Combinó novela y autobiografía en títulos como «Los mandarines» (1954), «Memorias de una joven formal» (1958), «La plenitud de la vida» (1960), «La vejez» (1968) o «Final de cuentas» (1972). Su último libro fue «La ceremonia del adiós» (1981). De Beuvoir pasó sus últimos años acompañada de su hija adoptiva y de Claude Lanzmann, cineasta 18 años menor que ella que fue su último amor. Murió en 1986 en la capital francesa y fue enterrada junto a Sartre.

SU POLIAMOR CON SARTRE FUE REVOLUCIONARIO: ETERNO, PERO TAMBIÉN COMPARTIDO.

SU LUCHA POR LA LEGALIZACIÓN DEL ABORTO EN FRANCIA FUE DETERMINANTE.

DE BEAUVOIR Y EL AMOR

A pesar de su férrea defensa de la independencia femenina, la figura de Simone De Beauvoir está irremediablemente ligada a la de su compañero Jean-Paul Sartre. Juntos pretendieron reinventar el concepto de pareja. Nunca vivieron juntos, no se casaron ni tuvieron hijos, se trataban de usted y mantenían relaciones paralelas con otras personas. Decían del otro que era su «amor necesario» mientras que el resto de sus amantes eran «amores contingentes». Cada dos años renovaban su pacto de «polifidelidad» y su relación duró 50 años.

Se amaban, sin duda, pero el suyo era un amor intelectual. «Ese amor no se me devolvía con el cuerpo. Nuestros cuerpos juntos eran en vano», confesó ella, a quien Sartre apodaba Castor. Sin embargo, recientemente se han publicado en Francia las cartas entre De Beauvoir y Claude Lanzmann, causando un verdadero estupor entre aquellos que consideraban su relación con Sartre un modelo de perfección. En 1953, ella le escribía al cineasta: «Mi querido niño, eres mi primer amor absoluto, el que solo sucede una vez en la vida, o tal vez nunca. Pensé que nunca diría las palabras que ahora me resultan naturales: cuando te veo, te adoro. Te adoro con todo mi cuerpo y mi alma. Eres mi destino, mi eternidad, mi vida». Y aquella mujer que consideraba al matrimonio una institución que esclavizaba a las mujeres remataba: «Soy tu esposa, para siempre».

CRONOLOGÍA

1908
Nace en París (Francia)
el 9 de enero
1943
Publica «La invitada»
1945
Funda, junto a otros intelectuales, la revista «Tiempos Modernos»
1949
Publica su ensayo más famoso, «El segundo sexo»
1981
Publica su último libro, «La ceremonia del adiós»
1986
Fallece en París
el 14 de abril

«NO SE NACE MUJER: SE LLEGA A SERLO».

VIRGINIA APGAR

NEONATÓLOGA Y ANESTESIÓLOGA

Pionera de la anestesiología y la neonatología, Virginia Apgar ha pasado a la historia por ser la creadora de una prueba médica que lleva su nombre y que hoy en día se utiliza en todos los hospitales para evaluar la salud de los recién nacidos, lo que ha permitido reducir notablemente la mortalidad infantil en todo el mundo.

CREADORA DEL TEST DE APGAR

Apgar nació en Nueva Jersey (Estados Unidos) en 1909, siendo hija de un ejecutivo de seguros cuya pasión doméstica era la ciencia. El sótano en el que creaba sus inventos era uno de los lugares favoritos de la pequeña, que siempre derrochó una inagotable energía que la llevaba a disfrutar tocando el violín, practicando deporte o haciendo teatro.

PUBLICÓ MÁS DE 60 ARTÍCULOS CIENTÍFICOS Y CONSIGUIÓ TRES DOCTORADOS «HONORIS CAUSA».

Pronto se decantó por la medicina, y se graduó en 1933 en la Universidad de Columbia, donde había sido una de las pocas alumnas mujeres. Ella quería trabajar como cirujana y empezó sus prácticas en el Hospital Presbiteriano de Nueva York, pero su mentor Allen Whipple le recomendó dedicarse a la anestesiología, un campo por entonces emergente y muy exigente, así como más receptivo a la hora de permitir la entrada a las mujeres. Así, Apgar se especializó y regresó al hospital en 1938 como Jefa de la División de Anestesia dentro del Departamento de Cirugía, donde desarrolló una incansable labor docente y que, en 1949, se convirtió en Departamento de Anestesiología. Fue la primera mujer que ejercía como profesora de esta especialidad.

«LAS MUJERES ESTÁN LIBERADAS DESDE EL MOMENTO EN QUE SALEN DEL ÚTERO».

En su quehacer diario se especializó en estudiar los efectos de la anestesia en parturientas y averiguar por qué algunos recién nacidos morían prematuramente. Convencida de que la evaluación temprana era clave para detectar posibles deformaciones y enfermedades en los neonatos, dedicó casi una década a analizar casi 20 000 partos. Estaba determinada a que los niños que nacieran en su quirófano no dejaran de respirar. Sus conclusiones dieron lugar, en 1953, al que hoy se conoce como «test de Apgar» y que

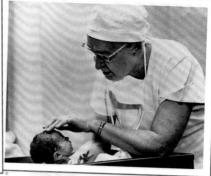

se aplica a todos los bebés un minuto después de nacer y, de nuevo, a los cinco minutos. Esta prueba evalúa cinco aspectos: frecuencia cardiaca, esfuerzo respiratorio, presencia de reflejos, tono muscular y color. Mediante un sistema de puntuación, se valora el estado de salud del recién nacido y se detecta rápidamente si un pequeño necesita atención médica. Desde su implementación en los partos hospitalarios, el test no solo redujo la mortalidad neonatal, sino que sentó las bases de la neonatología moderna.

ESTUDIOSA DE LAS MALFORMACIONES CONGÉNITAS

Apgar, por su amplia experiencia en las salas de parto, también detectó muchos casos de malformaciones congénitas y se inscribió en 1958 en la Escuela de Salud Pública Johns Hopkins para estudiarlas más profundamente. Después dirigió la División de Malformaciones Congénitas de la Fundación Nacional March of Dimes, viajando incansablemente para dar charlas sobre la importancia de descubrir precozmente los defectos congénitos y aportar más recursos en esta área.

En 1971 fue nombrada Profesora de Pediatría en la Escuela de Medicina de Cornell, en Nueva York. Escribió más de 70 publicaciones sobre anestesiología, reanimación del recién nacido y defectos congénitos. Era una profesora entregada, y también una oradora entusiasta a la que le gustaba que todo el mundo pudiera entenderla, por lo que escribió también un libro de divulgación general acerca de los defectos congénitos, titulado «¿Mi bebé está bien?»

Apgar entregó su vida al trabajo y nunca se casó. Tampoco se declaraba feminista a pesar de que fue pionera en muchos campos hasta entonces copados por los hombres. Lo suyo no era quejarse, sino trabajar. Y lo hizo apasionadamente hasta el final de sus días. Falleció el 7 de agosto de 1974 por un fallo hepático en el Centro Médico Presbiteriano de Columbia.

«NADIE, NADIE VA A DEJAR DE RESPIRAR DELANTE DE MÍ».

CRONOLOGÍA

1909
Nace en Nueva Jersey (Estados Unidos) el 7 de junio
1933
Se gradúa como doctora en la Universidad de Columbia
1949
Se convierte en la primera mujer profesora en la misma universidad
1953
Desarrolla el hoy conocido como «test de Apgar»
1959
Obtiene el grado de maestría en salud pública en la Universidad Johns Hopkins
1971
Es nombrada Profesora de Pediatría en la Escuela de Medicina de Cornell, en Nueva York
1974
Muere el 7 de agosto por un fallo hepático

NUNCA SE ALINEÓ CON CAUSAS FEMINISTAS; SU MANERA DE LUCHAR CONTRA LA DESIGUALDAD FUE SEGUIR TRABAJANDO.

RITA LEVI-MONTALCINI

CIENTÍFICA ESPECIALIZADA EN NEUROLOGÍA

Nacida en Turín en 1909, Levi-Montalcini nació en una familia judía de origen sefardí. Pero ni esta circunstancia ni el hecho de haber nacido mujer en una sociedad machista doblegaron el espíritu de esta decidida mujer que llegó a recibir el máximo reconocimiento por sus investigaciones científicas.

PREMIO NOBEL DE MEDICINA

«EL FUTURO DEL PLANETA DEPENDE DE LA POSIBILIDAD DE DAR A TODAS LAS MUJERES EL ACCESO A LA INSTRUCCIÓN Y AL LIDERAZGO».

Su padre era ingeniero, y su madre pintora. Aunque eran gente culta, también tenían una mentalidad muy tradicional. El padre era contrario a la educación de las mujeres, y tanto él como su esposa esperaban que Rita y su hermana gemela, Paola, se convirtieran en madres y esposas. Pero ambas se alejaron completamente del tópico. Pronto, Paola comenzó su carrera como pintora y Rita ingresó en la Facultad de Medicina. Tenía las ideas bien claras: nunca se casaría. No se convertiría en una mujer reprimida, como su madre, quien según ella, estaba sometida al «dominio victoriano» del padre.

Levi-Montalcini se costeó los estudios trabajando en una panadería, aunque era alérgica a la levadura, y se graduó con la máxima calificación en 1936, doctorándose en neurocirugía. Comenzó a trabajar, pero dos años después, el gobierno de Mussolini publicó el «Manifiesto por la Defensa de la Raza», que prohibía a los judíos acceder a puestos académicos o profesionales. Y cuando estalló la Segunda Guerra Mundial, lejos de claudicar, ella montó un laboratorio en su dormitorio. Allí comenzó a estudiar el crecimiento de las fibras nerviosas en embriones de pollo, lo que sería la base de sus investigaciones futuras.

En 1943 se tuvo que refugiar en Florencia con su familia ante el avance del nazismo, sin abandonar nunca sus investigaciones. Regresaron a Turín en 1945. Su vida dio un giro al año siguiente, cuando el profesor Viktor Hamburger la invitó a pasar un semestre en la Universidad Washington en San Luis. Finalmente se quedó 30 años. Allí desarrolló su trabajo acerca del factor de crecimiento nervioso, que le valió el Premio Nobel de Medicina

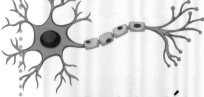

junto a Stanley Cohen. Ambos hicieron un descubrimiento fundamental, al averigüar que las células únicamente comienzan a reproducirse cuando reciben la orden de hacerlo por parte de unas sustancias llamadas factores de crecimiento.

NOBEL DE MEDICINA

RECIBIÓ EN PREMIO NOBEL EN 1986.

A finales de los años 50 se hizo profesora, combinando las clases en Saint Louis con sus labores de investigadora en Roma, donde en los años 60 y 70 dirigió el Centro de Investigación Neurobiológica y el Instituto de Biología Celular. Mientras ella trabajaba incansablemente, la comunidad científica tardó lo suyo en aceptar sus descubrimientos, pero finalmente estos le valieron el cuarto Nobel de Medicina concedido a una mujer. Fue en el año 1986.

LABOR SOLIDARIA «YO SOY MI PROPIO MARIDO».

En 1992, y de vuelta en Italia, creó con su hermana Paola la Fundación Levi-Montalcini, dedicada a conceder becas a mujeres africanas que querían estudiar. Rita no se limitó a poner su nombre en los estatutos, sino que a sus más de 80 años se sentó todas las tardes en la oficina a buscar la manera de ayudar a otras mujeres. «Mujeres y hombres tenemos idéntica capacidad menta», repetía siempre. Se mantuvo siempre activa y lúcida, sin dejar de impartir conferencias, conceder entrevistas y pensar. Se mostraba favorable al testamento vital y la eutanasia, y advertía a los periodistas contra la amenaza siempre latente de los totalitarismos, derivados del predominio de la parte primitiva del cerebro.

Publicó su autobiografía en 1988 bajo el título «Elogio de la imperfección». Escribió también, en 1994, «Tu futuro», donde alentaba a los jóvenes a vivir superando sus miedos sin preocuparse por lo que los demás pensaran de ellos. Levi murió en su casa de Roma en 2012, a los 103 años, 12 años después que su querida hermana Paola, que llegó a ser una artista de prestigio. Ninguna de las dos se casó nunca ni tuvo hijos.

FUE LA DÉCIMA MUJER DE LA HISTORIA EN FORMAR PARTE DE LA ACADEMIA NACIONAL DE CIENCIAS DE ESTADOS UNIDOS.

CRONOLOGÍA

1909
Nace en Turín (Italia), el 22 de abril
1936
Se gradúa en Medicina y Cirugía, y luego se especializa en Neurología y Psiquiatría
1946
Se traslada a Estados Unidos, donde permanece 30 años investigando y dando clases
1961
Comienza a dirigir el Centro de Investigación Neurobiológica de Roma
1969
Hasta 1978, dirige el laboratorio de biología celular
1986
Gana el Nobel de Medicina junto a Stanley Cohen
1992
Rita y Paola crean la Fundación Levi-Montalcini.
2012
Muere en Roma el 30 de diciembre

ROSA PARKS

ACTIVISTA

La mujer que se negó a ceder el asiento a un blanco nació en Alabama (Estados Unidos) en 1913. Una época y un lugar en los que las personas negras sufrían terribles discriminaciones. Con su gesto, tan sencillo como poderoso, Parks puso en marcha un movimiento imparable por la igualdad.

DEFENSORA DE LOS DERECHOS CIVILES DE LOS AFROAMERICANOS

Parks, hija de un carpintero y una maestra, estudió, se casó joven y comenzó a trabajar como costurera. Pero no era una mujer conformista. De hecho, en 1949 se unió a la lucha contra la feroz segregación que aún existía en el sur de Estados Unidos, convirtiéndose en asesora de la National Association for the Advancement of Colored People (Asociación Nacional para el Avance de la Gente de Color). Fue el 1 de diciembre de 1955 cuando protagonizó el incidente que la hizo mundialmente famosa. Parks subió al autobús para volver a su casa después del trabajo. Por entonces, los vehículos estaban divididos en dos partes por una raya: los blancos podían sentarse delante, pero los negros estaban obligados a subir, pagar su billete, volver a bajar y subir otra vez por la puerta trasera para ocupar esa zona del autobús.

«SOLO QUIERO QUE SE ME RECUERDE COMO UNA PERSONA QUE QUERÍA SER LIBRE»-

Pero aquel día, Parks estaba muy cansada. Y se sentó en la zona del medio, junto a otras personas negras. No era nada excepcional, pues las normas decían que los negros podían ocupar esos asientos si no había ningún blanco. Hasta que uno de estos subió al autobús y el conductor ordenó a los negros que se levantaran aunque el hombre no lo había pedido. Los otros obedecieron, pero Parks se negó. Como confesó en su autobiografía «Mi vida», «estaba harta de ceder». Así que el conductor llamó a la policía, que la detuvo y la multó con 14 dólares por su desobediencia. Ella no pagó y presentó un recurso judicial. Este fue rechazado y la llevaron a la cárcel. Este pequeño gran gesto de resistencia prendió la llama que hizo explotar a la comunidad negra, harta de las espantosas condiciones de segregación que se les imponían. Tenían prohibido acceder a piscinas, escuelas o restaurantes exclusivos para blancos. Tras la detención de Parks, se sucedieron las manifestaciones de protesta. Fueron lideradas por Martin Luther King, que por entonces era un pastor no muy conocido. Los negros se pusieron de acuerdo para no

utilizar el transporte público, hasta tal punto que los autobuses se quedaron casi vacíos y perdían tanto dinero que no les quedó más remedio que reaccionar. Las protestas continuaron hasta que, en 1956, la Corte Suprema de los Estados Unidos declaró inconstitucional la segregación en el transporte.

En 1957, Parks se mudó con su esposo a Detroit, Michigan, donde prosiguió su actividad en la defensa de los derechos civiles. Ya viuda, fundó en 1977 el Rosa and Raymond Parks Institute for Self-Development, un centro dedicado al desarrollo personal que todavía existe, y que en la actualidad organiza recorridos en autobús para explicar a los adolescentes la historia de la lucha por los derechos civiles en el país. En 1999, el entonces presidente Bill Clinton le otorgó la Medalla de Oro del Congreso. En 2005, ya con 92 años, murió a causa de un infarto. Su cuerpo fue llevado al Capitolio, donde miles de personas acudieron para despedirla. Fue la primera mujer y la segunda persona afroamericana en recibir honores funerales en aquel lugar, reservado para los presidentes y los grandes líderes.

CRONOLOGÍA
1913
Nace en Tuskegee, Alabama (Estados Unidos) el 4 de febrero
1955
El 1 de diciembre se niega a ceder el asiento a un blanco en Montgomery, Alabama
1977
Funda el Rosa and Raymond Parks Institute for Self-Development
2005
Muere en Detroit, Michigan, el 24 de octubre

Rosa Parks

SU PEQUEÑO GRAN GESTO FUE LA CHISPA PARA TERMINAR CON LA SEGREGACIÓN, PRIMERO EN EL TRANSPORTE Y DESPUÉS, DE MANERA IMPARABLE, EN TODO LO DEMÁS. «LOS RECUERDOS DE NUESTRAS VIDAS, DE NUESTRAS OBRAS Y DE NUESTROS ACTOS CONTINUARÁN EN OTROS».

HARRIET TUBMAN, LA LIBERTADORA DE ESCLAVOS

Un gran referente anterior en la lucha por los derechos civiles de los afroamericanos es Harriet Tubman (1820-1913). Esta mujer, que murió justo el año en que Parks nacía, logró escapar de su condición de esclava y dedicar el resto de su vida a liberar a otros. No fue tarea fácil para alguien que durante su infancia sufría palizas y latigazos por parte de sus «amos», que le dejaron secuelas de por vida. Pero en 1849 logró escapar de su cruel vida en Maryland para establecerse en Filadelfia. Después, rescató a sus familiares y a todos los esclavos que pudo. Lo hizo con el apoyo de una red clandestina que se conocía como «ferrocarril subterráneo» y que ayudaba a los esclavos a huir de las plantaciones del sur de Estados Unidos hasta llegar a los estados libres o a Canadá. Se dice de ella que la apodaban «Moisés» y que nunca perdió a un pasajero ni se supo que era ella quien tendía un puente para llevar a aquellas personas de la indignidad a la libertad.

EXISTÍAN DOS ANTECEDENTES DE MUJERES DE COLOR QUE NO QUISIERON CEDER SUS ASIENTOS, PERO NINGUNA FUE TAN DETERMINANTE COMO PARKS.

SU VIDA DE CASADA FUE UNA AUTÉNTICA ESCLAVITUD DE LA QUE ESCAPÓ GRACIAS A SU ASTUCIA, DISFRAZÁNDOSE DE ASISTENTA.

HEDY LAMARR
ACTRIZ E INVENTORA

Aunque pasó a la Historia como una de las actrices más bellas de los años 40, en los últimos tiempos se empieza a reconocer todo el mérito de Hedy Lamarr, nacida en Austria en 1914, que además de estrella de Hollywood fue la inventora del sistema de comunicaciones que permitió desarrollar la tecnología wifi y los teléfonos móviles.

LA ESTRELLA QUE INVENTÓ EL WIFI

Hija de un banquero y una pianista de orígenes judíos, nació en Viena (Austria) en 1914 con el nombre de Hedwig Eva Maria Kiesler. Desde niña demostró tener una inteligencia superdotada, y realizó precoces estudios de ingeniería. Pero su sueño era ser actriz, y pronto empezó a trabajar en el cine. Su primer gran éxito fue la película «Éxtasis», de 1932, que filmó en Checoslovaquia y que, si hoy en día llamaría la atención, en su momento fue un escándalo mayúsculo, pues la joven actriz aparecía completamente desnuda durante un orgasmo. La cinta fue prohibida y condenada por el Vaticano. Horrorizados, los padres de Hedwig encontraron una manera de «limpiar» su imagen: la forzaron a contraer matrimonio con Fritz Mandl, fabricante de armas, en 1933. Se trataba de un hombre enfermizamente celoso que la obligaba a acompañarle a todas sus reuniones y cenas de negocios con miembros de los gobiernos de Hitler y Mussolini, a cuyos ejércitos surtía de armamento. La pareja vivía en un castillo de cuento en Salzsburgo, pero ella se sentía prisionera. Sin embargo, pronto utilizó su inteligencia para salir de esa cárcel de oro.

En primer lugar, aprovechó aquellas reuniones para recopilar información sobre las características de la tecnología armamentística. Es fácil imaginarse que ninguno de aquellos hombres sospechaba ni remotamente que la hermosísima «mujer florero» no solo sabía de qué hablaban, sino que llegaría a saber más que ellos.

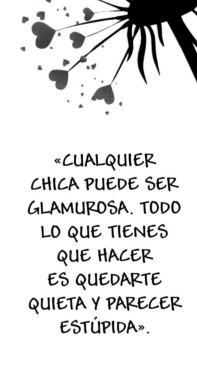

«CUALQUIER CHICA PUEDE SER GLAMUROSA. TODO LO QUE TIENES QUE HACER ES QUEDARTE QUIETA Y PARECER ESTÚPIDA».

CRONOLOGÍA

1914
Nace en Viena (Austria)
el 9 de noviembre
1932
Protagoniza la escandalosa
película Éxtasis
1938
Llega a Hollywood tras huir
de su primer marido
1942
Patenta el espectro
expandido
1962
Es usado por primera vez
en la crisis de los misiles
de Cuba
1997
Se le concede el Pioner
Award en reconocimiento
a su invención
2000
Muere el 19 de enero en
Florida (Estados Unidos)

EL 9 DE NOVIEMBRE
AUSTRIA CELEBRA EL
DÍA DEL INVENTOR EN
SU HONOR.

WIFI, WIRELESS
FIDELITY

Finalmente, encontró el momento de huir. Aunque Mandl la tenía permanentemente vigilada, logró escapar por la ventana del baño de un restaurante y huyó en coche a París, llevando con ella las joyas que había podido esconder para pagar su fuga. Logró llegar a Londres y se embarcó con destino a Estados Unidos, donde estaba decidida a retomar su trabajo como actriz. El destino quiso que en el barco también viajara el famosísimo productor de cine Louis B. Mayer, que quedó deslumbrado por su belleza y determinación. Antes de pisar tierras estadounidenses, ya habían firmado un contrato. Ella trabajaría para la Metro-Golwyn-Mayer con una sola condición: que se cambiara el nombre para que nadie la recordara como la protagonista de «Éxtasis». Cuando desembarcaron, en 1938, ya era oficialmente Hedy Lamarr.

SU VIDA EN ESTADOS UNIDOS

En esta nueva etapa de su vida se casó por segunda vez y trabajó en Hollywood para los más grandes directores de la época. Su película más conocida fue «Sansón y Dalila», dirigida por Cecil B. DeMille en 1949. Su nuevo nombre pronto fue bien conocido entre el público, aunque no tuvo demasiada fortuna al elegir sus papeles y tampoco llegó a ser una estrella de primera fila.

Además, ella tenía otros intereses. La Segunda Guerra Mundial había estallado y Lamar sabía que podía ser muy útil en su lucha contra los nazis que tanto detestaba y que había dejado atrás. La ocasión llegó al conocer al músico vanguardista George Antheil, que había fracasado estrepitosamente con sus composiciones pero, al igual que la actriz, tenía mucho que aportar. Juntos inventaron un sistema de comunicaciones secreto que se conoció como el espectro expandido. Por aquel entonces, las señales que las tropas americanas emitían para teledirigir los torpedos eran fácilmente interceptadas y bloqueadas por el ejército alemán. El invento de Antheil y Lamarr, inspirado en las teclas de un piano, permitía emitir a distintas frecuencias y variando las secuencias. Lo patentaron en 1942 y lo cedieron al ejército estadounidense de forma altruista. Pero los militares no le encontraron utilidad. Sin embargo, animaron a Lamarr a contribuir utilizando su belleza y su fama para promover la venta de bonos de guerra. Recaudó siete millones de dólares en una noche. En 1962, el espectro expandido se utilizó por primera vez en la crisis de los misiles de Cuba. Los militares habían descubierto por fin sus inmensas posibilidades. En los años 80 se introdujo en la industria civil y se aplicó en el campo de las telecomunicaciones, convirtiéndose en la base para crear el sistema de comunicación wifi, el GPS o los actuales teléfonos móviles. Pero casi nadie recordaba que aquella bella actriz era su co-creadora. Además, Lamarr había firmado su invento con el nombre de Merkey, el apellido de su segundo marido, de quien pronto se divorció.

«ES MÁS FÁCIL PARA LAS MUJERES TENER ÉXITO EN LOS NEGOCIOS, LAS ARTES Y LA POLÍTICA EN LOS ESTADOS UNIDOS QUE EN EUROPA».

CINÉMA

Su carrera cinematográfica y su estabilidad personal cayeron en picado a partir de los años 60. Seis divorcios, adicción a las pastillas, cleptomanía, detenciones... Finalmente, aquella mujer cuya extraordinaria vida parecía el argumento de una película se recluyó en su mansión de Florida mientras el mundo disfrutaba de sus creaciones sin saber cuánto le debían. Afortunadamente, a finales de los 90, su Austria natal le otorgó diversos galardones. Cuando murió, en el año 2000, pidió como última voluntad que parte de sus cenizas se esparcieran por los bosques de Viena, cerca de su casa natal.

«YA ERA HORA», DIJO CUANDO LE CONCEDIERON EL PIONER AWARD, QUE RECOGIÓ SU HIJO EN 1997.

LAMARR Y FLORENCE LAWRENCE, VIDAS PARALELAS

Aunque hoy casi nadie recuerda su nombre, Florence Lawrence (1886) fue estrella del cine mudo y una de las primeras actrices en firmar un contrato millonario. Y también fue inventora. Los coches, que coleccionaba, eran su gran pasión. Tanto es así que creó dos dispositivos para mejorarlos: los primeros intermitentes y señales de freno. Su error fue no patentar estos inventos, de los que la industria automovilística se apropió rápidamente. Lawrence se suicidó, arruinada y enferma, a los 28 años. Fue enterrada en una lápida que permaneció sin nombre desde 1938 hasta 1991.

FLORENCE LAWRENCE, ACTRIZ Y TAMBIÉN INVENTORA.

VIOLETA PARRA
CANTAUTORA

Nacida en San Carlos en 1917, la cantautora, pintora, escultora, bordadora y ceramista fue, sobre todo, una incansable divulgadora del folclore de Chile. En agradecimiento a su inmensa labor de rescate de la música popular, el día de su nacimiento fue designado «Día de la música y de los músicos chilenos».

LA GRAN FOLCLORISTA DE CHILE

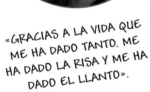

«GRACIAS A LA VIDA QUE ME HA DADO TANTO. ME HA DADO LA RISA Y ME HA DADO EL LLANTO».

Hija de una campesina y de un profesor de música que inculcó su pasión a todos sus hijos, a los 10 años comenzó a tocar la guitarra y a cantar. Compaginó la música con los estudios hasta que, a los 17 años, dejó los libros para dedicarse a cantar a tiempo completo con varios de sus hermanos. Bajo el nombre artístico de «Los Parra», interpretaban boleros, rancheras o corridos. En 1938 se casó con Luis Alfonso Cereceda, ferroviario y padre de sus hijos Isabel y Ángel, que con el tiempo se convertirían en sus compañeros musicales. En 1943, cuando ya era madre, se unió a una compañía de teatro, cantando por todo el país canciones españolas bajo el nombre de «La Violeta de mayo». Tras separarse de su esposo, formó dúo con su hermana Hilda, «Las Hermanas Parra». Poco después comenzó a cantar con sus hijos. En 1949 se casó con Luis Arce, padre de sus dos siguientes hijas, Carmen Luisa y Rosa Clara, que falleció a los dos años de edad. El año 1952 marcó un giro fundamental en su carrera. Aceptando la sugerencia de su hermano, el poeta Nicanor Parra, comenzó a investigar, rescatar y recopilar música folclórica chilena. Viajó por todo el país, conociendo los barrios y pueblos más humildes y tomando conciencia, inevitablemente, de las profundas desigualdades que recorrían su tierra. Así, adoptó una política de militante de izquierdas y cambió por completo su repertorio musical.

ACTIVISTA POLÍTICA

Dos años más tarde recorrió la Unión Soviética y Europa, grabando sus primeros temas en París. Fue una de las primeras artistas sudamericanas que hacía furor en el Viejo Continente. En 1956, ya de regreso a Chile, comenzó a grabar su colección «El folclore de Chile», serie que garantizaría la conservación de todas aquellas canciones populares y anónimas que tal vez de otra forma se habrían perdido. En 1958 fundó el Museo Nacional del Arte Folclórico Chileno de la Universidad de Concepción. Comenzó así una etapa fructífera en la que se expresó artísticamente a través de la cerámica, la pintura y el bordado de arpilleras. Además siguió cantando, componiendo, enseñando todo lo que sabía sobre folclore, cerámica y pintura en Chile y Argentina. El libro «Cantos foclóricos chilenos», reunía toda su labor de investigación.

En 1961 regresó a Europa con sus hijos. Ofrecieron conciertos por países como Finlandia, Alemania, Italia y, de nuevo, la Unión Soviética. Después, los conocidos como «Los Parra de Chile» se quedaron tres años en París, ciudad con la que siempre sintió una conexión especial. Además, estaba cerca de Ginebra, donde vivía su nuevo amor, el antropólogo y músico suizo Gilbert Favré. En 1964, Parra se convirtió en la primera artista hispanoamericana en exponer en el Louvre, colgando sus arpilleras, óleos y esculturas de alambre en el Museo de Artes Decorativas. Al año siguiente retornó definitivamente a Chile. Su carrera seguía en auge, pero ella comenzó a sentirse cada vez más sola y deprimida. La sombra de la muerte de su hija, las dificultades económicas, los fracasos amorosos... Todo hizo mella en su gran sensibilidad. Y el día 5 de febrero de 1967 se disparó un tiro en la sien antes de salir a cantar.

Al día siguiente, más de 10 000 chilenos acudieron a despedirla. «¿Por qué lo hizo?», se preguntaba su madre. Ella misma le había dado la clave a un periodista en una entrevista reciente: «Me falta algo; no sé qué es. Lo busco y no lo encuentro. Seguramente no lo hallaré jamás». Su hermano Nicanor le escribió un «Poema de despedida»: ¿Por qué no te levantas de la tumba / a cantar a bailar a navegar en tu guitarra? / Qué te cuesta, mujer, árbol florido / Álzate en cuerpo y alma del sepulcro / y haz estallar las piedras con tu voz, Violeta Parra.

EXPLORÓ TODO TIPO DE CAMPOS ARTÍSTICOS: SOBRE TODO LA MÚSICA, PERO TAMBIÉN LA PINTURA, LA ESCULTURA Y EL TRABAJO CON LOS TEJIDOS.

CRONOLOGÍA

1917
Nace en San Carlos (Chile) el 4 de octubre

1952
Comienza su labor de investigación y rescate del folclore chileno

1964
Se convierte en a primera artista hispanoamericana en exponer en el Louvre de París

1966
Compone su éxito «Gracias a la vida», traducido a todos los idiomas

1967
Se suicida el 5 de febrero en Santiago de Chile

1970
Se edita su autobiografía poética «Décimas»

1992
Sus hijos crean en Santiago de Chile la Fundación Violeta Parra para reagrupar, ordenar y difundir la obra de su madre

2015
Se inaugura en Santiago de Chile el Museo Violeta Parra, que expone de forma permanente su obra

FUE UN REFERENTE CULTURAL Y SOCIAL, SIEMPRE REVOLUCIONARIA.

INDIRA GANDHI

POLÍTICA

Nacida en 1917, Indira Gandhi logró convertirse en la primera ministra de un país complejo, repleto de diferencias sociales y tan conservador que el hecho de nacer niña se considera a menudo una desgracia. Tras gobernar India entre 1966 y 1977, fue reelegida en 1980 y asesinada cuatro años más tarde.

PRIMERA MINISTRA DE INDIA

Vino al mundo en una ciudad llamada Allahabad. Su padre era Jawaharlal Nehru, y fue el primer presidente de la India independiente. Ella se educó en prestigiosas universidades de Inglaterra y Suiza y después regresó a su país ansiosa por iniciar su carrera política y uniéndose al llamado Partido del Congreso, donde participó activamente con Mahatma Gandhi en la lucha por la independencia, que se logró en 1947. Por cierto, aunque sus apellidos coincidían, no eran parientes. Indira tomó el suyo de su esposo y padre de sus dos hijos, Feroze Gandhi, con quien se casó en 1942. Su padre murió en 1964 y Lal Bahadur Shastri, el presidente que lo sustituyó, contó con ella para su nuevo gobierno, nombrándola ministra de Información y Radiodifusión. Sin embargo, Shastri falleció dos años más tarde. Y así, en 1966, Gandhi se convirtió en secretaria general del partido y primera ministra de India.

«PARA LIBERARSE, LA MUJER DEBE SENTIRSE LIBRE, NO PARA RIVALIZAR CON LOS HOMBRES, SINO LIBRE EN SUS CAPACIDADES Y PERSONALIDAD».

Durante su primera etapa en el cargo, que duró entre 1966 y 1977, desarrolló una política progresista y estrechó vínculos con países no alineados. El conflicto armado entre India y Pakistán, con la posterior creación de Bangladesh, fue uno de los problemas más arduos a los que se tuvo que enfrentar. También abundaban las críticas y desacuerdos dentro de su propio partido y de la oposición, por lo que en 1975 endureció su política hasta el punto de declarar el estado de emergencia y suprimir las libertades individuales. Ella aseguraba que era la única forma de combatir la corrupción y luchar contra la crisis económica, pero estas extremas medidas no gustaron a la población y la llevaron a ser derrotada en las elecciones de 1977. Fue una dura etapa en la que se vio expulsada del Partido del Congreso y del Parlamento, y después acusada de abuso de poder, lo que la llevó a la cárcel durante una corta temporada. Sin embargo, en 1980 volvió a ganar en las urnas, tras presentarse a las elecciones con un nuevo partido llamado Nuevo Congreso. La población volvía a confiar en ella, que a pesar de su controvertida política había logrado impulsar la economía del país de forma espectacular. En junio de 1984, Gandhi tomó su decisión más desafortunada cuando ordenó el ataque a un templo sij. Aunque pretendía capturar a unos terroristas y responder de forma contundente al movimiento Sij, que asolaba la región del Punyab para exigir la independencia, en la operación murieron 450 civiles. Poco después, el día 31 de octubre de 1984, llegó la venganza. Dos de sus guardaespaldas, de origen sij y vinculados a un grupo terrorista de esta etnia, la asesinaron a balazos. Fue el triste fin de aquella mujer apodada «La dama de hierro de Oriente», en alusión la británica Margaret Thatcher, otra relevante política que también fue la primera mujer en presidir su país.

LA PRIMERA VEZ LLEGÓ AL PODER POR UNA CARAMBOLA, PERO LA SEGUNDA FUE VOTADA POR EL PUEBLO.

«EL MUNDO EXIGE RESULTADOS. NO LE CUENTES A OTROS TUS DOLORES DEL PARTO. MUÉSTRALES AL NIÑO».

CRONOLOGÍA

1917
Nace en la ciudad de Allahabad 19 de noviembre
1966
Se convierte en la primera mujer en ostentar el cargo de primera ministra de India (hasta 1977)
1980
Es reelegida en el cargo tras las elecciones
1984
Es asesinada en Nueva Delhi el 31 de octubre

GANDHI Y BHUTTO, DESTINOS PARALELOS

La vida de Indira Gandhi mantiene fuertes paralelismos con la de Benazir Bhutto, primera mujer que ocupó el cargo de Primer Ministro de un país musulmán, en este caso Pakistán, y que también lo hizo en dos ocasiones: entre los años 1988-90 y 1993-96. Bhutto también era hija de un primer ministro, y estudió en las universidades de Harvard y Oxford antes de regresar en 1977 a Pakistán, dispuesta a gobernar el país. Le costó más que a Gandhi alcanzar el poder, pues su padre fue derrocado y asesinado tras un golpe militar y ella llegó a pasar cinco años en prisión por sus actividades políticas, de tendencia socialista, hasta que se exilió en 1984 en Londres. Cuando las aguas se calmaron, regresó y logró la victoria tras las elecciones de 1988. Sin embargo, en 1990 fue destituida acusada de corrupción. Tres años después volvió a ser elegida, y de nuevo cesada por las mismas razones en 1996. Su esposo fue encarcelado, y ella se exilió en Dubai entre fuertes acusaciones de corrupción. Regresó en 2007, presentándose a las elecciones que se iban a celebrar en enero de 2008. Sin embargo, el 20 de diciembre de 2007 fue asesinada de un disparo durante un mítin político.

BENAZIR BHUTTO

GLORIA FUERTES

POETA

Gloria Fuertes, poeta madrileña nacida en 1917, alcanzó la fama por sus versos dedicados al público infantil. Coincidiendo con el centenario de su nacimiento, su obra para adultos ha sido reivindicada, otorgándosele un justo lugar entre los grandes de la poesía en español.

ORÍGENES HUMILDES

Fuertes nació en el Madrid más castizo, en el seno de una familia humilde y numerosa. Su madre fue costurera y portera. Su padre, portero. Fue una niña observadora y extrovertida, que desde bien pequeña quiso escribir. Pero antes de poder vivir de su talento le tocó trabajar desde muy joven en fábricas o, como ella decía, en «horribles oficinas». Su madre la matriculó en el Instituto de Educación Profesional de la Mujer, para que aprendiera todas aquellas labores típicas de las amas de casa, como cocina, cuidado de niños, corte y confección, etc. Pero a ella le gustaba la poesía y el deporte y con 14 años publicó su primer poema, titulado «Niñez, Juventud, Vejez».

«LOS NIÑOS QUE LEEN POESÍA SE AFICIONAN A LA BELLEZA DEL LENGUAJE Y SEGUIRÁN LEYENDO POESÍA TODA SU VIDA».

Aunque su familia no la entendía, la vida la ayudó a encaminarse en otra dirección. Su madre murió cuando ella tenía 15 años. Después llegó la Guerra Civil, que le arrebató a su novio y forjó su carácter decidido, pacifista y un tanto naif. En 1939, a los 22, publicó su primer relato infantil en la revista «Maravillas», donde hasta 1953 colaboró publicando cada semana cuentos, historietas y poesía para niños. También fue colaboradora de la revista «Chicas» en los años 40, época en la que estrenó varias obras de teatro.

En 1950 publicó «Isla ignorada», su primer poemario. Fuertes, que ya era asidua al ambiente literario como siempre había querido, decidió organizar su propia tertulia. Una solo para mujeres poetas, de la que salió un grupo llamado «Versos con Faldas» que ofrecía lecturas y recitales por cafés y bares de Madrid. También fundó su propia revista literaria, en 1952. Se llamaba «Arquero». Los años 50 y 60 fueron prolíficos y creativos para la autora, que no dejó de publicar. Además, emprendió una hermosa aventura: la biblioteca ambulante, que llevaba libros y lecturas públicas en plazas y parques de pueblos pequeños donde la cultura no llegaba.

«POETAS, NO PERDAMOS EL TIEMPO, TRABAJEMOS, QUE AL CORAZÓN LE LLEGA POCA SANGRE».

ERA PACIFISTA, ECOLOGISTA Y FEMINISTA, COMO SE MUESTRA EN SU OBRA TEATRAL «LAS TRES REINAS MAGAS».

POETA DE LA INOCENCIA

Desde 1958 trabajó como bibliotecaria en el Instituto Internacional de Madrid hasta que, en 1961, una beca Fulbright la llevó a dar clases de literatura española en Pennsylvania (Estados Unidos) durante tres años. «La primera vez que entré en una universidad fue para dar clases en ella», reconoció con su característica sinceridad vestida de inocencia.

En 1968 salió a la luz su obra más conocida, titulada «Poeta de guardia». También apareció «Cangura para todo», primer libro de cuentos para niños. Pero fue en los años 70 cuando volcó su energía en escribir para los más pequeños, gracias a una beca de la Fundación March que por fin la liberó de los trabajos alimenticios para permitirle dedicar toda su energía a escribir, publicando numerosos libros de cuentos y poemas infantiles.

GRACIAS A LA BECA FULBRIGHT PASÓ UNOS AÑOS EN ESTADOS UNIDOS.

LA ISLA IGNORADA

LA «POETA DE LOS NIÑOS» FUE LA ÚNICA MUJER DEL MOVIMIENTO POÉTICO DEL POSTISMO Y CUENTA CON UNA EXTENSA OBRA PARA ADULTOS.

Su popularidad se vio acrecentada por sus colaboraciones en programas de televisión infantiles, como «Un globo, dos globos, tres globos» y «La cometa blanca». Además, en los años 80, no dejó de impartir lecturas, organizar presentaciones, entrevistas o visitas a colegios. Por su cercanía y falta de pretensiones, era una poeta muy famosa y muy querida. En 1998, un cáncer de pulmón acabó con su vida en cuestión de pocos meses. En su tumba puede leerse lo siguiente: «Gloria Fuertes, Poeta de Guardia (1917-1998). Ya creo que lo he dicho todo / Y que ya todo lo amé».

CRONOLOGÍA

1917
Nace en Madrid (España) el 28 de julio
1939
Publica su primer relato infantil en la revista «Maravillas»
1950
Publica «Isla ignorada», su primer poemario
1952
Funda la revista literaria «Arquero»
1961
Se marcha a Pensilvania (Estados Unidos) para dar clases en la universidad
1968
Publica «Poeta de guardia», su poemario más famoso, y «Cangura para todo», primer libro para niños
1998
Muere el 27 de noviembre en Madrid

«MI PRIMER JUGUETE, UNA MÁQUINA DE ESCRIBIR / (ALQUILADA) CON LA QUE TRABAJABA / COPIANDO DIRECCIONES, / ME PAGABAN UN CÉNTIMO POR CADA SOBRE...»

CHAVELA VARGAS
CANTANTE

El 17 de abril de 1919 nacía en Costa Rica María Isabel Anita Carmen de Jesús Vargas Lizano. La pequeña siempre quiso cantar, pero primero tuvo que enfrentarse al estupor de su conservadora familia, avergonzada por la forma de ser de aquella niña rara que enseguida supo que su destino la esperaba en México.

LA DAMA DEL PONCHO ROJO

«YO QUIERO QUE ALGÚN DÍA SE ENTIENDA QUE MI MENSAJE YA NO ES DE LA GARGANTA, YA NO ES DE DISCO, YA NO ES DE CONCIERTO: ES LA VOZ INMENSA DEL INDIVIDUO HUMANO QUE ESTÁ CALLADA».

Allí emigró a los 17 años, donde perseveró hasta llegar a cantar en la sala de fiestas más elegante del país. La veinteañera Vargas deleitaba con su voz a los miles de fans, estrellas de Hollywood incluidas, que acudían a verla. Solo que ella no se sentía cómoda bajo el maquillaje, los trajes elegantes y los tacones. Así que un día se cortó la melena, se enfundó unos pantalones y un poncho colorado y por fin encontró su lugar. Había nacido «La dama del poncho rojo».

Interpretando las rancheras del compositor José Alfredo Jiménez, quien se convirtió en su pareja musical y compañero de correrías, logró tocar el corazón del público. Hasta entonces, canciones como «La Llorona», «Macorina», «Piensa en mí» o «Volver» solo habían sido interpretadas por hombres. Pero ella, con su voz gutural y acompañada apenas de una guitarra, las cantaba desde las tripas, tiñendo su voz de desgarro. Vargas fue apodada «La Chamana» por esa capacidad de meter la mano en las entrañas de quienes la escuchaban, rompiendo las corazas para sacar fuera su pena. Ella decía que el público le pedía amor y que esa era su función como artista, aportarles lo más bello de la vida: amor y esperanza. Cuando Vargas cantaba, recordaba a la gente que era capaz de sentir. Y esa fue siempre su motivación para subirse a un escenario.

La Chamana no se comportaba como una diva ni actuaba por dinero. Tampoco le gustaba que la llamaran de usted. Aun así, siempre destacó por su fuerte presencia y su explosivo carácter. Orgullosa de su aspecto masculino, fumaba, bebía y nunca decía que no a una buena juerga. Tampoco ocultó que era lesbiana, aunque solo lo reconoció públicamente en una entrevista televisiva en el año 2000, a los 81 años. El público la respetaba y adoraba su autenticidad, aunque su alcoholismo y tendencia a la autodestrucción la condujeron a una larga década de oscuridad en la que dejó de cantar. Nadie quería contratarla y vivía de la caridad de sus amistades. Un día, se dijo a sí misma que debía elegir entre vivir o morir. Y se permitió el último tequila y un cigarrillo.

EL ESTRELLATO, A LOS 70

MEXICANA DE ADOPCIÓN, INVENTÓ UNA NUEVA FORMA DE CANTAR LAS RANCHERAS.

Su renacer personal y artístico sucedió a principios de los años 90 de la mano de Pedro Almodóvar, que la adoraba y comenzó a incluir canciones suyas en sus películas. Vargas, que ya había cumplido los 70 años, vivió en España una época de gran felicidad y llamaba al director español «mi marido». Por fin volvía a actuar en grandes teatros y recibía el reconocimiento de sus colegas (el cantautor Joaquín Sabina le dedicó una canción, «Por el bulevar de los sueños rotos») y pudo regresar a México como una estrella. Lejos de limitarse a versionar sus antiguos éxitos, siguió grabando canciones nuevas hasta el final de su vida. En 2011 editó su último disco, a los 93 años de edad. «Luna Grande» era un homenaje al poeta Federico García Lorca, y ese mismo verano Vargas ofreció su último concierto en la Residencia de Estudiantes de Madrid. Pero la edad y los excesos pasados no perdonaban y ella, que no temía a la muerte, comprendió que el fin estaba cerca. Se despidió de España y regresó a su México adorado. Falleció el 5 de agosto de 2012. Su cuenta de Twitter lo decía todo: «Yo no me voy a morir porque soy una chamana y nosotros no morimos, nosotros trascendemos».

CHAVELA Y FRIDA, ALMAS GEMELAS

En su juventud, Chavela vivió un tiempo con Frida Kahlo y Diego Rivera, mientras mantenía una relación con la pintora mexicana. «No teníamos ni para comer, pero siempre estábamos riendo», contó en una entrevista. El romance no duró, pues si bien Frida era una mujer liberada, La Chamana lo era todavía más. Aunque tuvo muchísimas amantes, fue siempre un orgulloso espíritu libre que reivindicaba la soledad como sinónimo de libertad.

CRONOLOGÍA

1919
Nace en Costa Rica
el 17 de abril
1936
Se marcha a México
a los 17 años
1961
Publica su primer
álbum, «Chavela Vargas»
1991
Regresa
a los escenarios
tras 13 años de silencio
1994
Vuelve a Costa Rica para
ofrecer dos conciertos
multitudinarios
2012
Lanza su último disco,
«Luna Grande», a los
93 años de edad.
2012
El 5 de agosto fallece en
México, a donde regresa
para morir tras su gira
española

TRAS UNA CRISIS EXISTENCIAL, DEJÓ EL ALCOHOL Y NO BEBIÓ LOS ÚLTIMOS 20 AÑOS DE SU VIDA.

FUE SIEMPRE UNA MUJER A CONTRACORRIENTE: VESTIDA DE HOMBRE, FUMADORA, BEBEDORA Y LESBIANA.

ROSALIND FRANKLIN

QUÍMICA

Nacida en 1920 en Londres, sus investigaciones fueron claves para descifrar la estructura del ADN, aunque fueron sus colegas masculinos quienes se llevaron el Premio Nobel de Medicina con unos descubrimientos que obtuvieron gracias al trabajo previo de ella.

PRECURSORA DEL ADN

Franklin creció en una familia de banqueros judíos, que le proporcionó una educación elitista que incluía estudios de física y química. Aprobó el examen de ingreso en la universidad de Cambridge para estudiar ciencias experimentales, pero su padre se negó a pagarle los estudios. Su tía corrió con los gastos, hasta que el padre finalmente recapacitó. Se graduó en biofísica a los 21 años en 1941. Cinco años después, tras colaborar con el gobierno como investigadora durante la Segunda Guerra Mundial, en 1946, defendió su tesis doctoral.

«LA CIENCIA Y LA VIDA DIARIA NO PUEDEN Y NO DEBERÍAN SER SEPARADAS. LA CIENCIA, PARA MÍ, OTORGA UNA EXPLICACIÓN PARCIAL DE LA VIDA».

Una científica francesa refugiada en Inglaterra, Adrienne Weill, la animó a sumarse al equipo del Laboratorio Central de Servicios Químicos del Estado, en París. Sobre todo porque, además de ser muy competente, recibía con los brazos abiertos a las científicas. Allí dedicó siete años en París a investigar las técnicas de difracción de rayos X, convirtiéndose en una experta a nivel mundial.

En 1951 regresó a Inglaterra, logrando una plaza en el King's College de Londres. Allí, John Randall, el director del departamento, le encargó el estudio de la estructura del ADN, en el marco de un proyecto que llevaba meses aparcado. Era un proyecto excitante, pero el ambiente resultó todo lo contrario. Para comprender el ambiente de discriminación y elitismo reinante, basta con mencionar que ni Franklin ni las demás mujeres podían entrar en la sala de profesores. A pesar de todo, trabajó perfeccionando el aparato que permitía obtener imágenes con ADN, aplicando su propio y asombroso método para conseguir fotografías muy precisas y nítidas. En 1951 dio una charla para exponer sus resultados a sus colegas del King's College. Entre el público estaban dos

investigadores llamados James Watson y Francis Crick, también interesados por la estructura del ADN, y que trabajaban en el Laboratorio Cavendish, en Cambridge. Maurice Wilkins, compañero de Franklin en el King's College y amigo de ambos, los invitó. En aquel seminario, Watson y Crick empezaron a conocer el trabajo de Rosalind Franklin y a utilizar sus datos.

En 1953 Franklin tomó su famosa fotografía 51, en la que utilizó la difracción de rayos X para capturar la estructura de doble hélice del ADN. Wilkins mostró la imagen sin su consentimiento a Watson y Crick, que se sirvieron de ella y de muchos otros trabajos de Franklin para confirmar sus hipótesis y publicar dos años después el hallazgo en la revista «Nature». Ella fue mencionada como una simple asistente técnica en el proceso.

ADN

Cansada de aquel ambiente de machismo y rivalidad, se trasladó al Birbeck College, también en Londres, dedicándose a investigaciones pioneras relacionadas con el virus del mosaico de tabaco y el de la polio. En 1956 se le diagnosticó un cáncer de ovario provocado por las repetidas exposiciones a la radiación en sus experimentos. Todavía trabajó durante otros dos años, y murió en 1958, a los 37 años.

Cuatro años después, en 1962, Watson, Crick y Wilkins recibían el Premio Nobel por sus estudios sobre la estructura del ADN. No la mencionaron en sus discursos de aceptación. En su libro de memorias, Watson decía de ella que no se molestaba en vestir bien ni pintarse los labios. Curiosa forma de agradecer su contribución. En realidad, sus colegas varones se sentían intimidados porque Franklin era una mujer resuelta, locuaz, liberada de ñoñerías y convenciones, que adoraba Francia y el estilo de vida francés. Tan solo años más tarde Watson reconoció a regañadientes su participación esencial e irremplazable en el descubrimiento de la estructura del ADN.

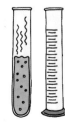

CASI TODOS LOS RECONOCIMIENTOS QUE RECIBIÓ FUERON PÓSTUMOS.

CRONOLOGÍA

1920
Nace el 25 de julio en Londres (Inglaterra)
1951
Presenta sus fotografías del ADN en el King's College de Londres
1953
Toma su famosa fotografía 51 que captura por primera vez la estructura de doble hélice del ADN
1956
Se le diagnostica un cáncer por su repetida exposición a la radiación
1958
Muere en Londres el 16 de abril de 1958

EN SU TUMBA PUEDE LEERSE LA SIGUIENTE INSCRIPCIÓN: «SU INVESTIGACIÓN Y SUS DESCUBRIMIENTOS EN MATERIA DE VIRUS QUEDAN COMO UN BENEFICIO PARA LA HUMANIDAD».

MARIA CALLAS

SOPRANO

La soprano estadounidense de origen griego nació en Nueva York en 1923 y se convirtió en la cantante de ópera más importante del siglo xx. Su inmenso talento y su compleja personalidad, que la convirtieron en una celebridad, le valieron el apodo de «La Divina».

LA GRAN DIVA DE LA ÓPERA

«SI SE LOGRA NO HUNDIRSE, EL TRIUNFO SOLO RADICA EN UNO MISMO».

Maria Anna Sofia Cecilia Kalogeropoulos era hija de una familia de emigrantes griegos con escasos medios económicos. Su madre, sin embargo, depositó en ella sus anhelos de triunfar. Nunca tuvieron una relación fácil. La pequeña se sentía acomplejada porque sufría sobrepeso y una severa miopía, y su madre la hacía sentirse avergonzada por ello. En 1937, la pareja se separó y Maria tuvo que marcharse a Grecia con su madre y su hermana. Comenzó su formación en el Conservatorio Nacional de Atenas, bajo la tutela de la española Elvira de Hidalgo. La futura diva tenía buena voz, pero no destacaba por encima de otros alumnos. Debutó en 1939, a los 16 años, y poco a poco fue mejorando su técnica. Su primer gran triunfo fue el papel principal de «Tosca», en el Teatro Real de Atenas, en 1942. Inició así su exitosa carrera, hasta que en 1944 las tensiones en Grecia derivadas de los últimos coletazos de la Segunda Guerra Mundial la llevaron a decidir regresar a Estados Unidos y reencontrarse con su padre.

La gloria parecía postrarse ante ella cuando la Metropolitan Opera House de Nueva York le ofreció un tentador contrato para interpretar algunas de las óperas más famosas sobre su codiciado escenario. Pero Callas se había convertido en una mujer segura de sí misma y con las ideas muy claras acerca de su carrera. Así que lo rechazó y se marchó a Italia, donde debutó en la Arena de Verona en 1947 con «La Gioconda» de Amilcare Ponchielli. Acertó, pues estas representaciones la convirtieron en una intérprete adorada por el público y por la crítica. Comenzó entonces su época dorada, en la que la acomplejada Maria se había metamorfoseado definitivamente en «La Callas» o «La Divina». La década de 1950 fue de absoluta plenitud. Callas actuó en los teatros más importantes. Todo el mundo la reclamaba. A diferencia de los divos anteriores, mucho más fríos y estáticos, ella llenaba el escenario con su presencia apasionada. Además, supo elegir su

repertorio con criterio propio, y optó por recuperar obras olvidadas a las que ella aportó una nueva luz. Sus puestas en escena eran impresionantes, gracias a su portentosa voz, su regia puesta en escena y las escenografías que diseñó para ella el director de cine Luchino Visconti.

Su vida personal, sin embargo, no fue tan afortunada y acabó convirtiéndose en un obstáculo en su propio camino. Callas se casó en 1949 con un rico constructor mucho mayor que ella llamado Giovanni Battista Meneghin, a quien dejó en 1960 tras enamorarse locamente del naviero griego Aristóteles Onassis. Entregada a él, también abandonó por un tiempo su carrera para vivir una vida llena de pasiones, lujo y dinero. Callas, que había adelgazado 30 kilos para convertirse en una mujer sofisticada y elegante, ya era un personaje habitual en la prensa por sus éxitos operísticos y su difícil carácter, y ahora la relación con Onassis la convirtió en «reina» de las revistas del corazón.

Mientras tanto, sin embargo, su voz y su fuerza escénica se encogieron. En una actuación en 1961, recibió el abucheo del público. El declive fue imparable, y en 1965 realizó su última actuación. Después se retiró, a los 41 años. Quería consagrarse a su vida con Onassis. Ambos decían ser el amor verdadero del otro, pero él la dejó para casarse en 1968 con Jacqueline Kennedy, viuda del presidente de Estados Unidos, con la intención de que el matrimonio le facilitara sus negocios en aquel país.

Sola, Callas volvía a sentirse como aquella niña regordeta y con gafas que nunca logró obtener el amor de su madre. En 1973, Onassis intentó volver con ella tras el fracaso de su matrimonio, pero Callas lo rechazó. También ese fue el año en el que regresó a los escenarios cosechando un rotundo fracaso. Ya no volvió a cantar, aunque dedicó su tiempo a enseñar en la prestigiosa Juilliard School. Tenía 53 años cuando falleció en su casa de París, en 1977. La versión oficial hablaba de un paro cardiaco, pero muchas otras aseguran que se trató de un suicidio. El cuerpo fue enterrado a toda prisa y sin autopsia, y Callas desapareció dejando tras de sí la estela de su voz cristalina que mantuvo eternamente el poder de emocionar.

«SOLO EXISTE UN LENGUAJE PARA LA MÚSICA, LO MISMO QUE EN EL AMOR. SE AMA, SE RESPETA Y SE HONRA. NUNCA SE DEBE MENTIR, NI TRAICIONAR».

CRONOLOGÍA

1923
Nace en Nueva York (Estados Unidos) el 2 de diciembre

1939
Debuta en Atenas cantando la ópera «Cavalleria Rusticana» de Pietro Mascagni

1947
Su interpretación de «La Gioconda» de Amilcare Ponchielli en la Arena de Verona (Italia) la consagra como la gran diva de la ópera

1960
Su relación con Aristóteles Onassis marca el declive de su carrera artística

1965
Se retira definitivamente de los escenarios

1977
Muere en París (Francia) el 16 de septiembre

NUNCA SUPERÓ EL ABANDONO DE ONASSIS Y AHÍ COMENZÓ SU DECLIVE ARTÍSTICO.

JANE GOODALL
ZOÓLOGA Y ANTROPÓLOGA

Goodall creció en Bournemouth, al sur de Inglaterra, fascinada por los animales y soñando con viajar a África y vivir entre ellos, como el protagonista de su historia favorita en la niñez, «El libro de la selva».

«ESTAR EN ÁFRICA CON LOS ANIMALES ERA LO ÚNICO QUE QUERÍA».

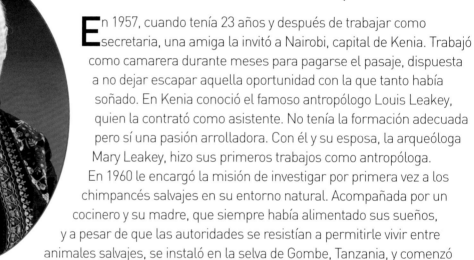

ENAMORADA DE ÁFRICA

En 1957, cuando tenía 23 años y después de trabajar como secretaria, una amiga la invitó a Nairobi, capital de Kenia. Trabajó como camarera durante meses para pagarse el pasaje, dispuesta a no dejar escapar aquella oportunidad con la que tanto había soñado. En Kenia conoció el famoso antropólogo Louis Leakey, quien la contrató como asistente. No tenía la formación adecuada pero sí una pasión arrolladora. Con él y su esposa, la arqueóloga Mary Leakey, hizo sus primeros trabajos como antropóloga.

En 1960 le encargó la misión de investigar por primera vez a los chimpancés salvajes en su entorno natural. Acompañada por un cocinero y su madre, que siempre había alimentado sus sueños, y a pesar de que las autoridades se resistían a permitirle vivir entre animales salvajes, se instaló en la selva de Gombe, Tanzania, y comenzó sus investigaciones. El trabajo, que en teoría iba a durar unos meses, sigue en marcha hoy en día después de casi 60 años. No le resultó fácil acercarse a los chimpancés, que la veían como un elemento hostil, pero su intuición, capacidad de escucha y sincero interés hacia ellos hizo que poco a poco los animales aceptaran su presencia. Así, pudo observar y documentar sus hábitos cotidianos, descubriendo que sabían fabricar herramientas, que son animales omnívoros o que sienten emociones. A partir de 1964 recopiló y procesó la información obtenida con ayuda de su equipo, convirtiendo a su centro de Gombe en una de las estaciones de campo más importantes del mundo para el estudio del comportamiento animal.

«LOS CHIMPANCÉS, GORILAS Y ORANGUTANES HAN PASADO MILES DE AÑOS EN SU BOSQUE, VIVIENDO VIDAS FANTÁSTICAS, EN ENTORNOS DONDE REINA EL EQUILIBRIO, EN ESPACIOS DONDE NUNCA SE LES HA PASADO POR LA CABEZA DESTRUIR EL BOSQUE, DESTRUIR SU MUNDO. DIRÍA QUE HAN TENIDO MÁS ÉXITO QUE NOSOTROS EN CUANTO A ESTAR EN ARMONÍA CON EL MEDIO AMBIENTE».

Jane Goodall

Estas exhaustivas investigaciones aportaron gran cantidad de información e interesaron por igual a la comunidad científica y a la población general, ya que Goodall protagonizó numerosos documentales de National Geographic para difundir su trabajo. En 1964 se casó con el barón Hugo van Lawick, fotógrafo de la

National Geographic Society y autor de bellas imágenes de la antropóloga entre sus queridos chimpancés. Juntos criaron a su único hijo en la selva. Tras divorciarse, en 1975 contrajo matrimonio con Derek Bryceson, director de los Parques Nacionales de Tanzania y parlamentario británico con cuya ayuda aseguró la pervivencia del Parque Nacional de Gombe. Bryceson murió de cáncer en 1980. En 1965 obtuvo el doctorado honorario en etología por la Universidad de Cambridge, animada por Leakey. No había estudiado la carrera en las aulas, pero su trabajo de campo era mucho más valioso y certero que lo que contaban los libros de texto. Su supervisor, el profesor Robert Hinde, la animó a seguir con su trabajo a pesar de que una parte del mundo científico se mostraba escéptica y crítica con sus descubrimientos. Hasta entonces, los animales habían sido observados con ojos puramente racionales. Fue la mirada femenina de Goodall (al igual que la de Diane Fossey, otra colaboradora de Leakey) quien supo ver que eran criaturas dotadas de emociones y comportamientos no tan distintos de algunos humanos. Dos años después fue nombrada directora del Gombe Stream Research Center.

FUE LA «VOZ» DE LOS PRIMATES.

«CUANTO MÁS APRENDEMOS DE NUESTRO PARIENTE MÁS CERCANO, MÁS COMPRENDEMOS LA EVOLUCIÓN HUMANA».

CRONOLOGÍA

1934
Nace el 3 de abril en Londres
1960
Comienza a investigar a los chimpancés salvajes en Kenia
1965
Obtiene el doctorado honorario en etología por la Universidad de Cambridge
1967
Es nombrada directora del Gombe Stream Research Center
1977
Funda el Instituto Jane Goodall para proteger el medio ambiente y los animales
1987
Termina su trabajo de campo y regresa a Inglaterra.
1994
Publica «A través de la ventana. Treinta años estudiando a los chimpancés»

EN 2002 FUE NOMBRADA MENSAJERA DE LA PAZ DE NACIONES UNIDAS.

SU ETAPA COMO ACTIVISTA

ELLA NOS ENSEÑÓ QUE NUESTRO GENOMA SOLO SE DIFERENCIA DEL CHIMANCÉ EN UN 2 %.

En 1977 fundó el instituto que lleva su nombre, Jane Goodall Institute for Wildlife Research, Education and Conservation, que desarrolla programas de conservación de la especie y mejora las condiciones de vida de los chimpancés. Goodall es autora de varias películas y numerosos libros para niños y adultos. Es también Doctora «honoris causa» por más de 45 universidades del mundo y Mensajera de la Paz de Naciones Unidas. En 1987 regresó a Bornemouth, pero solo durante dos meses al año. El resto del tiempo lo dedicó a recorrer el mundo ofreciendo conferencias para alertar sobre la necesidad de cuidar el medio ambiente y proteger a los animales en peligro, especialmente los primates. Después de tantos años en contacto con ellos, se entregó a la tarea de dignificar sus condiciones de vida, luchando contra quienes los utilizan para el comercio ilegal, los experimentos científicos y la exhibición en zoológicos. Ella fue la persona que nos enseñó que nuestro genoma es en un 98 % igual al del chimpancé. Aunque a veces ellos parezcan más inteligentes que nosotros.

VALENTINA TERESHKOVA

ASTRONAUTA

Nacida en Rusia en 1937, fue la primera civil y también la primera mujer en volar al espacio. Cuando resultó elegida entre 400 finalistas, era tan solo una trabajadora de una fábrica textil, paracaidista aficionada y miembro del Partido Comunista. No fue hasta seis años después cuando culminó sus estudios de ingeniería espacial.

LA PRIMERA MUJER EN EL ESPACIO

Valentina Tereshkova llegó al mundo en la localidad rusa de Bolshoye Maslennikovo, y era hija de una familia trabajadora humilde. A los 16 años tuvo que ponerse a trabajar en una fábrica textil, como su madre, para ayudar a mantener a la familia. Pero siguió estudiando por correspondencia, además de interesarse por la política. En 1961 fue nombrada secretaria de la organización juvenil del Partido Comunista soviético, lo que le abrió las puertas para ejercer tiempo después cargos de responsabilidad. A principios de los años 60, en pleno auge de la Guerra Fría, Estados Unidos y la Unión Soviética competían por ser los primeros en la conquista del espacio. Los segundos ganaron la batalla, convirtiendo a Yuri Gagarin en el primer astronauta, en 1961. Pocos días después, Estados Unidos enviaba al espacio a Alan Barlett Shepard.

En 1962, la Unión Soviética quería encontrar a una mujer dispuesta a convertirse en astronauta. El responsable de los proyectos aeroespaciales de la Unión Soviética lanzó el reto, y 400 mujeres se presentaron como candidatas. El propio presidente Nikita Khrushchev dirigió la selección de las cuatro finalistas, que se incorporaron a un duro programa especial de entrenamiento para mujeres en el espacio. Y finalmente, Tereshkova fue la elegida. Fue admitida en la Fuerza Aérea Soviética como miembro honorario, y el 16 de junio de 1963 se convirtió en la primera mujer y primera

«POSIBLEMENTE USTEDES NO PUEDEN IMAGINAR LO HERMOSO QUE ES. CUALQUIERA QUE VEA LA TIERRA DESDE EL ESPACIO EXTERIOR, NO PUEDE DEJAR DE SER ASALTADO POR UNA SENSACIÓN DE REVERENCIA Y AMOR POR ESTE PLANETA QUE ES NUESTRO HOGAR».

CRONOLOGÍA

937
Nace el 6 de marzo en Máslennikovo, Yaroslavl (Unión Soviética)

1959
El 21 de mayo hace su primer salto en paracaídas

1961
Trabaja como secretaria de la Unión de Jóvenes Comunistas. El mismo año, Yuri Gagarin se convierte en el primer viajero espacial

1962
Se une al cuerpo femenino de cosmonautas e inicia su entrenamiento

1973
El 16 de junio se convierte en la primera mujer y primera civil en viajar al espacio

1977
Se doctora como ingeniera espacial

1982
Recibe el premio Simba por su labor de promoción de la mujer

civil en viajar al espacio. Tenía 26 años. Fue lanzada a bordo de la nave Vostok 6, que completó su misión tras 70,8 horas de vuelo y orbitar la Tierra 48 veces. Durante el viaje espacial, Tereshkova fotografió el horizonte identificando capas de aerosol de la atmósfera. Para el descenso tuvo que abandonar la cápsula espacial para lanzarse en paracaídas desde más de 6 000 metros de altura, y tomó tierra en Karaganda (Kazajstán).

«POR MUCHO TIEMPO QUE SE PASE EN EL COSMOS SIEMPRE SE AÑORA LA TIERRA, QUE ES NUESTRO HOGAR».

SÍMBOLO DE LA UNIÓN SOVIÉTICA

Tereshkova fue declarada Heroína de la Unión Soviética y portavoz del país. Recibió también la Medalla de la Paz de las Naciones Unidas. Sin embargo, a pesar del éxito de la misión, pasaron 19 años hasta que otra mujer rusa repitió aquella hazaña. Fue Svetlana Savitskaja, en 1982. Tras regresar a la Tierra, se casó con Andrian Nikolayev, un astronauta que había viajado al espacio un año antes que ella. En 1964 nació su hija Elena. La comunidad médica puso toda su atención en aquella niña que era el primer ser humano nacido de padres que habían estado expuestos al espacio. Pero Elena resultó ser una criatura normal que llegó a convertirse en médica.

Como cualquier otra madre moderna, Tereshkova compaginó su vida familiar con la profesional, y se graduó como ingeniera espacial en 1969. Mientras estudiaba, continuó vinculada al partido comunista y dio numerosas conferencias para contar su aventura en el espacio y defender los derechos de las mujeres. En 1975 participó en la Conferencia Mundial de la ONU con motivo del Año Internacional de la Mujer celebrada en México y en 1982 recibió el premio Simba por su labor de promoción de la mujer. Fue solo uno entre la multitud de reconocimientos y homenajes que recibió a lo largo de los años. Tereshkova, como

EN SU HONOR, UN CRÁTER LUNAR SE LLAMA TERESHKOVA.

hija que era de la gris y austera Unión Soviética, no fue una mujer con una vida glamurosa, pero su viaje al espacio la situó en todas las listas de mujeres influyentes de la historia. Hoy, sueña con viajar algún día a Marte.

LAS MUJERES QUE ENVIARON AL HOMBRE A LA LUNA

En la historia de la aviación espacial norteamericana, los hombres se llevaron toda la fama. Pero la hazaña de conquistar el espacio no habría sido posible sin la aportación crucial de un grupo de mujeres matemáticas que trabajaban en la NASA. Conocidas como las«computadoras humanas», ellas realizaron las complejas operaciones que sentaron las bases de las misiones espaciales. Tres de ellas fueron Katherine Johnson, Dorothy Vaughan y Mary Jackson quienes, a comienzos de los años 60, ayudaron a la NASA a poner en órbita al astronauta John Glenn. Con la particularidad de que las tres eran negras y les tocó sufrir la discriminación racial de la época. Es decir, lo tuvieron mucho más difícil por ser mujeres y por ser negras.

Johnson calculó el momento exacto en que la sonda debía abandonar la superficie lunar para coincidir y engancharse al módulo de servicio en la misión Apolo 11. Vaughan consiguió ser la primera supervisora de los servicios de IBM en la agencia. Y Jackson fue la primera mujer negra en trabajar como ingeniera aeroespacial de los Estados Unidos. Pero antes tuvo que pedir un permiso especial para poder estudiar en Hampton, una universidad «solo para blancos».

A pesar de su inestimable contribución, sus nombres no aparecieron en las publicaciones oficiales. Las tres, como las miles de físicas y matemáticas que trabajaron en la agencia espacial entre 1935 y 1970, quedaron en la sombra hasta que la escritora Margot Lee Shetterly, hija de un investigador afroamericano de la NASA, publicó un libro titulado «Figuras Ocultas», que fue llevado al cine en 2017.

CUANDO FUE ELEGIDA PARA VOLAR, LO CONFESÓ MÁS TARDE, SUFRÍA DE VÉRTIGOS Y NÁUSEAS. PERO SU GRAN CURIOSIDAD Y SU EXPERIENCIA COMO PARACAIDISTA JUGARON A SU FAVOR.

CUANDO ATERRIZÓ EN KAZAJSTÁN UNA MUJER LE PREGUNTÓ SI HABÍA VISTO A DIOS. TERESHKOVA LE RESPONDIÓ QUE SU NAVE HABÍA SEGUIDO OTRA RUTA Y POR ESO NO SE LO HABÍA CRUZADO.

KATHERINE JOHNSON, DOROTHY VAUGHAN Y MARY JACKSON.

BILLIE JEAN KING
TENISTA Y ACTIVISTA

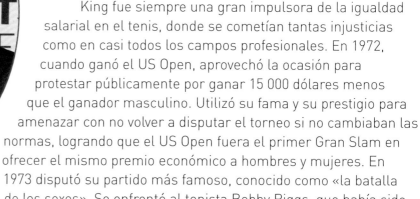

Nacida en Long Beach (California) en 1943, en la década de los 70 se convirtió en una de las mejores tenistas de la Historia. Pero Billie Jean King es también recordada como una valiente activista por la igualdad de género.

UNA DE LAS MEJORES TENISTAS DE LA HISTORIA

Billie Jean Moffitt creció en una familia muy tradicional. Su padre era bombero, y su madre ama de casa. Estudió en la universidad pública de Los Ángeles y con 22 años se casó con Larry King, de quien tomó su apellido. Ya por entonces había despuntado como tenista, al vencer en Wimbledon con solo 18 años a la campeona Margaret Smith.

Su brillante carrera se desarrolló entre 1968 y 1983, y las cifras de sus triunfos son impresionantes. Ganó 39 torneos de Grand Slam, se proclamó campeona en todas las modalidades y ostenta junto a Martina Navratilova el récord de victorias totales en Wimbledon: nada menos que 20 (seis individuales, 10 dobles y cuatro dobles mixtos).

King fue siempre una gran impulsora de la igualdad salarial en el tenis, donde se cometían tantas injusticias como en casi todos los campos profesionales. En 1972, cuando ganó el US Open, aprovechó la ocasión para protestar públicamente por ganar 15 000 dólares menos que el ganador masculino. Utilizó su fama y su prestigio para amenazar con no volver a disputar el torneo si no cambiaban las normas, logrando que el US Open fuera el primer Gran Slam en ofrecer el mismo premio económico a hombres y mujeres. En 1973 disputó su partido más famoso, conocido como «la batalla de los sexos». Se enfrentó al tenista Bobby Riggs, que había sido número 1 en los años 40 y, a pesar de tener ya 55 años, presumía de poder ganar a cualquier tenista mujer. King la retó para demostrar la superioridad del hombre sobre la mujer y ambos se enfrentaron el 20 de septiembre de 1973, en Houston. King ganó el partido, seguido por 50 millones de personas en todo el mundo. Ese mismo año fue una de las fundadoras de la Women Tennis Association (WTA), la organización profesional que agrupaba a las tenistas mujeres. Desde allí siguió luchando

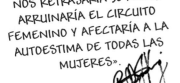

«PENSÉ QUE SI NO GANABA NOS RETRASARÍA 50 AÑOS; ARRUINARÍA EL CIRCUITO FEMENINO Y AFECTARÍA A LA AUTOESTIMA DE TODAS LAS MUJERES».

por la igualdad económica en el mundo del tenis. En 1983, King dejó de competir, pero nunca dejó de lado el tenis. En 1995 fue nombrada capitana del equipo estadounidense de Copa Federación, logrando el triunfo para su país en 1996, 1999 y 2000. En 1996 fue seleccionadora del equipo de tenis femenino de Estados Unidos que participó en los Juegos Olímpicos de Atlanta.

«QUISE UTILIZAR EL DEPORTE PARA PROVOCAR UN CAMBIO SOCIAL».

ACTIVISTA LGTB

King es casi tan conocida por su carrera como por su activismo social. Desde que dejó de competir ha sido directiva de varias organizaciones e impulsora de la revista «Women's Sport Magazine» o de un torneo mixto llamado Mylan WTT. También ha escrito varios libros. Es una de las principales defensoras de los derechos del colectivo LGTB en Estados Unidos y fue la primera deportista famosa en salir del armario, pero la suya fue una larga historia de superación. Todo comenzó cuando su secretaria la demandó en 1971 tras mantener una relación, exponiendo la orientación sexual de King ante todo el mundo a su pesar.

SU PALMARÉS INCLUYE 39 GRAN SLAM Y 20 TROFEOS EN WIMBLEDON, PERO SOBRE TODO SE LA RECUERDA POR SU LUCHA POR LA IGUALDAD ENTRE HOMBRES Y MUJERES.

Por entonces, la tenista aún estaba casada, aunque se divorció en 1987. Ella, confesó, en su juventud no se había dado cuenta de que era homosexual, y se casó enamorada de su esposo. A los 25 años comprendió que se sentía atraída por las mujeres, pero no pudo encontrar el valor para reconocerlo en público hasta 1998. Le costó decir la verdad porque sus padres eran muy conservadores. «Tenía una familia homófoba, el mundo era homófobo y yo misma era homofóbica», confesó. Ella quería hablar con sus padres, pero nunca encontraba fuerzas, llegando a sufrir un trastorno alimenticio. Cuando finalmente logró afrontar aquella conversación ya tenía 51 años y ellos supieron comprender. A partir de entonces se convirtió en una inspiración imparable para otras personas en su situación.

CONSIGUIÓ QUE EL US OPEN EQUIPARARA EL PREMIO ECONÓMICO MASCULINO Y FEMENINO, Y VENCIÓ A BOBBY RIGGS EN EL ÉPICO PARTIDO «LA BATALLA DE LOS SEXOS».

CRONOLOGÍA

1943
Nace 22 de noviembre de Long Beach, California (Estados Unidos)
1973
Gana a Bobby Riggs en el partido conocido como «la batalla de los sexos»
1973
Funda la WTA, organización profesional de tenis femenino
1983
Deja de competir
1995
Es nombrada capitana del equipo estadounidense de Copa Federación
1996
Es nombrada seleccionadora del equipo de tenis femenino de Estados Unidos que participó en los Juegos Olímpicos de Atlanta
2009
El presidente Barack Obama le concede la Medalla de la Libertad, la más alta condecoración civil en Estados Unidos, por su contribución a la defensa de los derechos de las mujeres y de los homosexuales

KATRINE SWITZER

CORREDORA Y PERIODISTA

Hija de un militar norteamericano, Switzer nació en Amberg (Alemania) en 1947. La familia regresó a Estados Unidos dos años después, donde ella llegaría a ser conocida como la primera mujer en correr un maratón con dorsal.

LA PRIMERA MUJER MARATONIANA

«COMENCÉ EL MARATÓN DE BOSTON COMO UNA NIÑA, Y LLEGUÉ A LA META COMO UNA MUJER ADULTA».

Switzer estudiaba periodismo en la universidad cuando comenzó a entrenar con el equipo de cross masculino. Su entrenador, Arnie Briggs, era un experto corredor que motivaba a sus chicos contándoles historias de la maratón de Boston. Una noche, Switzer le dijo: «¡Dejemos de hablar del maratón de Boston y hagámoslo!» El entrenador, a pesar de que ella corría diez millas cada noche, le replicó que aquello era imposible. Pero ella insistió, y comenzaron a prepararse juntos. Primero solicitaron los formularios de inscripción, que había que enviar por correo. No es que las mujeres tuvieran prohibido participar. Simplemente, no se contemplaba que pretendieran hacerlo, por lo que no existía ningún apartado para especificar el sexo del corredor. Ella tuvo la astuta idea de inscribirse como K. V. Switzer, sin mencionar su nombre.

Durante tres meses, se preparó a fondo. Estaba preparada, pero faltaba por vencer un último obstáculo. ¿Qué pasaría cuando se presentara a recoger su dorsal y vieran que era una mujer? Aquel día de 1967, Switzer estaba muy nerviosa. Pero el juez no se fijó en ella y llegó a la zona de salida flanqueada por su entrenador y su novio, que también iba a correr. Los otros participantes la miraron, pero no con ira ni sorpresa. Por el contrario, le desearon suerte. Con su dorsal oficial, el 261, Switzer comenzó a correr. Todo iba bien hasta que uno de los comisarios de la carrera se percató de su presencia. Furibundo, se abalanzó con ella, la agarró del hombro y le gritó: «¡Sal de mi maldita carrera y devuélveme el dorsal!» Pero el entrenador y el novio de Switzer lo detuvieron. Ella siguió corriendo. Terminó la carrera con una marca de 4 horas y 20 minutos. Quiso el destino que aquella lamentable escena sucediera delante de las cámaras de prensa. Al día siguiente, para asombro de Switzer, fue portada en los periódicos.

ABRIENDO CAMINO

Aquella imagen, como ella misma dice, «abrió el camino de las mujeres hacia la igualdad de participación en las pruebas de fondo». Desde entonces, Switzer ha participado en más de 30 maratones, quedando primera en el de Nueva York en 1974. No obstante, lo importante para ella es que su imagen «abrió el camino de las mujeres hacia la igualdad de participación en las pruebas de fondo». Tantas se fueron sumando que en 1972 los organizadores del maratón de Boston tuvieron que oficializar la categoría femenina.

«TENÍA QUE TERMINAR. SABÍA QUE, SI ABANDONABA, LA GENTE VOLVERÍA A PENSAR QUE UNA MUJER NO PODÍA CORRER UN MARATÓN».

En 1978, Switzer impulsó la creación del Avon Run, un circuito internacional para mujeres de gran éxito que permitió incluir la maratón femenina en los Juegos Olímpicos de Los Ángeles 1984. Actualmente sigue siendo una corredora activa, y en 2017, por el 50 aniversario de su primera carrera, regresó al maratón de Boston con su mítico dorsal. Además, ejerce su profesión de periodista siendo comentarista deportiva en diversos medios. Es autora, entre otros, de los libros «Correr y caminar, para mujeres de más de 40» (1997) y «Marathon Woman» (2007).

ROBERTA GIBB, LA PIONERA NO OFICIAL

Switzer fue la primera mujer en participar con dorsal, pero no la primera en correr un maratón. Un año antes que ella lo hizo Roberta Gibb. Oculta bajo una sudadera con capucha, Gibb se escondió en unos arbustos junto a la línea de salida. Después se unió al grupo, pasando desapercibida entre la multitud. Nadie le puso obstáculos porque no era una participante oficial sino una entre otros espontáneos. En otras palabras, a los organizadores no les molestaba su presencia siempre y cuando no pretendiera cambiar las normas. En la carrera de 1967, Gibb también estaba. De hecho, su marca fue mejor que la de Switzer.

LA CERRAZÓN DEL COMISARIO DEL MARATÓN NO TUVO ÉXITO GRACIAS A LA AYUDA DE SUS COMPAÑEROS DE CARRERA, QUE LA ESCOLTARON HASTA EL FINAL.

CRONOLOGÍA

1947
Nace el 5 de enero en Amberg (Alemania)
1967
Se convierte en la primera mujer en correr un maratón (el de Boston) con dorsal.
1972
Los organizadores del maratón de Boston permiten oficialmente la participación de mujeres
1974
Gana el maratón de Nueva York en la categoría femenina.
1997
Publica su libro «Correr y caminar para mujeres de más de 40»
2007
Cuenta su historia en el libro «Marathon Woman»

MUCHOS MARATONES DESPUÉS, EN EL DE BOSTON DE 1975, LOGRÓ SU MEJOR MARCA PERSONAL: 2 HORAS Y 51 MINUTOS.

GABY BRIMMER

ESCRITORA Y ACTIVISTA

Gaby Brimmer nació en Ciudad de México en 1947 en una familia de origen judío que se había instalado en la ciudad huyendo del nazismo. Sobreponiéndose a una parálisis casi total de su cuerpo, llegó a ser una escritora de éxito y una activista por los derechos de los discapacitados.

EJEMPLO DE SUPERACIÓN PERSONAL

La pequeña nació aparentemente sana, pero muy pronto se le detectó una parálisis cerebral tetrapléjica tan grave que le impedía mover su cuerpo, a excepción del pie izquierdo. Gabriela necesitaba a alguien a su lado que quisiera y supiera ser sus ojos, sus manos, sus pies y su boca. Esa persona llegó de fuera de la familia: la indígena Florencia Morales Sánchez comenzó a cuidar de ella cuando tenía cinco años, y nunca se separó de su lado. La pequeña comenzó sus estudios de primaria a los ocho años con la inestimable ayuda de Morales, que era analfabeta y cada día cargaba a Brimmer en brazos, la llevaba en coche, la sentaba en su silla de ruedas y asistía con ella a sus clases. La motivación para aprender se la insuflaba su padre, Miguel, un hombre culto y educado que le transmitió su amor por la lectura y el aprendizaje. Y aunque sus circunstancias eran infinitamente más difíciles que las de sus compañeros, ella se valía de lo único que tenía, su pie izquierdo, para expresarse, escribir y hacer sus tareas.

«¿SABES LO QUE ES TENER PARÁLISIS CEREBRAL? ES TENER TANTA INTELIGENCIA, TANTOS ANHELOS Y SUEÑOS COMO CUALQUIER PERSONA, PERO DENTRO DE UN CUERPO QUE NO RESPONDE».

Brimmer pasó a la escuela secundaria, donde un profesor de Lengua hizo nacer en ella la pasión por la escritura. La poesía fue el espacio en el que Brimmer dejaba fluir su sentimiento de dolor y frustración por verse obligada a vivir en un cuerpo paralizado pues, aunque era una mujer valiente y que sonreía ante la adversidad, también se sentía angustiada en sus horas bajas. Fue su madre, que leía sus versos, quien la alentaba a seguir adelante tras el duro golpe que supuso para ella la muerte de su padre. De todos modos, Brimmer siguió estudiando. En 1972 se matriculó en la universidad para aprender sociología, aunque tuvo que abandonar la carrera. Dos años después empezó los estudios de periodismo, que tampoco llegó a concluir. Tal vez su alma le pedía dar un giro a su vida y evolucionar como persona, algo a lo que sabía que tenía el mismo el derecho que las personas sin discapacidades. Así, a los 30 años adoptó a una niña a la que llamó Alma Florencia. También siguió escribiendo, sintiendo el anhelo de contarle al mundo cómo era vivir dentro de un cuerpo que no se movía. Lo logró con ayuda de la escritora Elena Poniatowska, quien entrevistó a fondo a Brimmer, a su madre y a Morales. El resultado fue un libro titulado «Gaby Brimmer, una historia verdadera», publicado en 1979. El director Luis Mandoki llevó en 1987 su historia al cine.

Otro duro golpe llegó cuando también murió su madre, y Brimmer recopiló los cuentos que había escrito, protagonizados por mujeres que, como ella, se enfrentan a una vida difícil. En 1989 fundó, con otros colegas, la Asociación para los Derechos de Personas con Alteraciones Motoras, con la que quiso ayudar a otras personas en situaciones como la suya, proporcionando servicios médicos, terapias, actividades culturales y de ocio para discapacitados. Brimmer murió a los 52 años en su casa de Ciudad de México, a causa de un paro cardiaco en el año 2000.

EN 1979 PUBLICA «GABY BRIMMER, UNA HISTORIA VERDADERA».

HELEN KELLER, OTRO GRAN EJEMPLO DE SUPERACIÓN

Antes de nacer Gaby Brimmer, en Estados Unidos vivió otra mujer que asombró al mundo con su fuerza interior y su tenacidad. Se trata de Helen Keller (1880-1968), a quien una enfermedad dejó sorda y ciega a los dos años. Al igual que Brimmer, encontró a un ángel guardián en la figura de una mujer ajena a la familia, su institutriz Anne Sullivan. Esta se consagró al cuidado de la pequeña, y durante su infancia ideó un método para enseñarle a escribir y comunicarse. Su esfuerzo conjunto dio unos espectaculares frutos cuando Keller se convirtió, en 1904, en la primera persona sorda y ciega en concluir sus estudios universitarios al graduarse «cum laude» en Arte. Además, escribieron varios libros y viajaron sin descanso para contarle al mundo que era posible llevar una vida plena a pesar de las limitaciones físicas. Helen Keller fue también una activa defensora del derecho al voto femenino.

«LO MÁS IMPORTANTE ES TENER LA FUERZA Y LA VOLUNTAD EN NOSOTROS MISMOS, PORQUE DE NADA SIRVE EL APOYO DE LA FAMILIA Y DE LOS AMIGOS, SI UNO MISMO NO QUIERE O NO PUEDE HACER NADA.»

CRONOLOGÍA
1947
Nace en la ciudad de México el 12 de septiembre
1972
Ingresa en la universidad para estudiar Sociología
1974
Se matricula de nuevo en la carrera de Periodismo, aunque no concluye ninguna de las dos
1976
Adopta a una niña
1979
Publica el libro «Gaby Brimmer, una historia verdadera», escrito con ayuda de Elena Poniatowska
1987
Luis Mandoki estrena una película sobre su vida
1989
Funda la Asociación para los Derechos de Personas con Alteraciones Motoras ADEPAM
2000
Muere el 3 de enero en ciudad de México

MÉTODO BRAILLE

ZAHA HADID
ARQUITECTA

Nació el 31 de octubre de 1950 en Bagdad, capital de Irak, en el seno de una familia musulmana de clase alta. Su padre era un industrial y político progresista. Su madre, artista. Esa posición privilegiada le permitió estudiar en internados de Inglaterra y Suiza, aunque regresó a Líbano para estudiar matemáticas y empaparse de la arquitectura árabe.

LA «REINA» DE LA CURVA

Pero Hadid quería ser arquitecta desde niña, y en 1972 se matriculó en la prestigiosa Architectural Association School of Architecture de Londres, donde se graduó en 1977 para convertirse en socia de uno de los estudios más prestigiosos de la ciudad, la Office for Metropolitan Architecture (OMA). Trabajadora incansable, a principios de los años 80 montó su propio estudio en la capital británica, Zaha Hadid Architects.

Unos dibujos arquitectónicos incluidos en una muestra del Museo de Arte Moderno de Nueva York le condujeron a su primer proyecto propio en 1994, pues le encargaron diseñar la estación de bomberos de la fábrica de muebles Vitra, en Alemania. Después llegaron el Centro de Arte Contemporáneo Rosenthal en Cincinnati, Estados Unidos (1998) o la Plataforma de saltos de esquí Bergisel (2002), Innsbruck, Austria.

«SER MUJER, INMIGRANTE, ÁRABE, AUTOSUFICIENTE Y HACIENDO COSAS RARAS, NO ME FACILITÓ LAS COSAS».

Aunque Hadid vivía en Londres y tenía la doble nacionalidad, le costó mucho esfuerzo triunfar en su país de adopción. Llegó a ganar un proyecto por concurso, el de la Ópera de Cardiff, que finalmente fue otorgado a su famoso colega Norman Foster. Pero ella siguió trabajando y concibió edificios tan hermosos como la Ópera de Guangzhou, en China, o el Museo Nacional de Arte del Siglo XXI de Roma. Durante los años 2000 recibió muchos encargos, en especial de países asiáticos. Era la época del boom de los arquitectos estrella y Hadid supo aprovecharla. El reconocimiento en Reino unido le llegó finalmente al diseñar el London Aquatics Centre para los Juegos Olímpicos de 2012.

ICONO DE LA ARQUITECTURA DECONSTRUCTIVISTA

El trabajo de Hadid se enmarca en la corriente del deconstructivismo, y se caracteriza por romper con las formas lineales y fálicas para abrazar las curvas. Son construcciones sinuosas, oníricas, que integran el espacio interior y el exterior en un todo. Su propósito: romper los límites de la arquitectura convirtiendo los edificios en paisajes.

Otros colegas masculinos se llevaron la fama levantando edificios con un diseño similar al suyo cuando ella llevaba años trabajando su estilo, como Frank Ghery con el Museo Guggenheim de Bilbao, pero Hadid no se mostraba resentida. «El Guggenheim abrió la puerta. Tenía que abrirla un hombre. A mí no me hubieran dejado. Por eso estoy agradecida. Gracias a ese proyecto he podido construir», confesó en una entrevista. Zaha Hadid también se dedicó a la docencia, impartiendo clases en centros tan prestigiosos como la Universidad de Harvard. Y aun le quedó tiempo para diseñar muebles, joyas y ropa. De hecho, vestía con las prendas de su propia marca y llego a crear una escenografía para un desfile de moda de Chanel.

Era sin duda una arquitecta diferente. Y aunque no sufrió penurias económicas para poder estudiar, tuvo que luchar mucho para destacar en un mundo tan masculino como el de la arquitectura. En 2004 se convirtió en la primera mujer en recibir el premio Pritzker, considerado el Premio Nobel de la arquitectura. Entonces se la definió como «una arquitecta sin miedo».

Su ejemplo y su tesón fueron una inspiración para muchas otras mujeres de países árabes que se decidieron a estudiar arquitectura como ella, que dejó muchos proyectos inconclusos cuando falleció, el 31 de marzo de 2016 a los 65 años, a causa de un ataque cardíaco en un hospital de Miami donde había sido ingresada para tratarse una bronquitis sin poder terminar la remodelación de Zorrozaurre, un barrio de la ciudad española de Bilbao que quiso convertir en isla.

«LO ESENCIAL ES TENER EL CORAJE DE ARRIESGAR Y DESARROLLAR NUEVAS IDEAS».

EN 2004 SE CONVIRTIÓ EN LA PRIMERA MUER EN RECIBIR EL PREMIO PRITZKER, CONSIDERADO EL NÒBEL DE ARQUITECTURA

CRONOLOGÍA

1950
Nace en Bagdad
el 31 de octubre
1979
Abre su propio estudio de arquitectura en Londres
2004
Se convierte en la primera mujer en recibir el Premio Pritzker
2010
Se inauguran el Museo Nacional de las Artes del siglo 21 (Maxxi) en Roma y el Guangzhou Opera House en China
2012
Se inaugura en Londres el London Aquatics Centre
2016
Muere en Miami
el 31 de marzo

EN 1944 CONSTRUYE SU PRIMER PROYECTO, UNA ESTACIÓN DE BOMBEROS.

MALALA YOUSAFZAI

ACTIVISTA

Nacida en 1997, la joven pakistaní Malala Yousafzai es una de las activistas más conocidas del mundo, a quien un brutal atentado talibán no consiguió enmudecer. Defensora del derecho a la educación, ganó el Nobel de la Paz con 17 años.

LA MÁS JOVEN PREMIO NOBEL DE LA PAZ

Yousafzai nació en Mingora, en el noroeste de Pakistán, en una familia musulmana. Una figura clave en su vida desde la infancia es su padre, Ziauddin Yousafzai, poeta y propietario de una cadena de escuelas. Él siempre alentó en su hija el deseo y el derecho de estudiar, a pesar de que vivían en una zona donde los talibanes prohibieron que las niñas fueran a la escuela. Extendiendo su manto de fanatismo por toda la región, también prohibieron ver la televisión, escuchar música y que las mujeres fueran de compras. Todo eso era «pecado» y rebelarse estaba castigado con dureza, pero los Yousafzai no se plegaron a tan triste destino, y con solo 11 años, la pequeña Malala impartió un discurso en un club de prensa local, acompañada por su padre, donde periodistas de todo el país la escucharon decir: «¿Cómo se atreven los talibanes a quitarme mi derecho básico a la educación?».

«MI SUEÑO ES QUE TODOS LOS NIÑOS EN EL MUNDO PUEDAN IR A LA ESCUELA PORQUE ES SU DERECHO BÁSICO».

Lejos de callarse por miedo, la joven también empezó a escribir un blog para la página web de la BBC. Los periodistas de esta prestigiosa cadena buscaban a algún estudiante que se atreviera a contar cómo era su vida diaria bajo el yugo de los talibanes. No era tarea sencilla encontrar un candidato. En aquella época, no era raro ver cuerpos de policías decapitados colgados en la calle. Pero ella aceptó. Para proteger su identidad, el blog lo escribía bajo seudónimo, y era un reportero de la BBC quien recogía sus escritos y los publicaba. Su fama fue creciendo, y el periódico «The New York Times» fue a visitarla para rodar un documental sobre su vida. Pronto, el mundo conoció a la pequeña activista, que comenzó a ser propuesta para el Premio Nobel de la Paz. El 9 octubre de año 2012, Malala viajaba en el autobús escolar cuando un hombre armado subió a bordo y preguntó por ella. Le disparó tres veces provocándole gravísimas

heridas en la cabeza, y todo el mundo creyó que moriría. Sin embargo, fue trasladada a Birmingham (Inglaterra), donde le implantaron una placa de titanio y un dispositivo auditivo, y la sometieron a cirugía reconstructiva. Persistiendo en su fanatismo y su ceguera, los talibanes anunciaron que seguirían intentando asesinar tanto a la joven como a su padre. El atentado sufrido provocó una condena a escala mundial, e hizo que Malala recibiera protección y una red de apoyo internacional. Se llevó una petición a la ONU en su nombre bajo el slogan «Yo soy Malala», para exigir que todos los niños del mundo tuvieran derecho a la escolarización. Gracias a ella, se ratificó el derecho a la educación en Pakistán.

«UN NIÑO, UN PROFESOR, UN LIBRO Y UNA PLUMA PUEDEN CAMBIAR AL MUNDO. LA EDUCACIÓN ES LA ÚNICA SOLUCIÓN».

LOS TALIBANES TRATARON DE SILENCIARLA, PERO SOLO CONSIGUIERON QUE SU VOZ SE AMPLIFICARA A ESCALA INTERNACIONAL.

CREADORA DE SU PROPIA FUNDACIÓN

Por su juventud y determinación, Malala pronto se convirtió en un icono, admirada por políticos y celebridades de todo el mundo. En 2013, 2014 y 2015 la revista «Time» la incluyó en la lista de las «100 personas más influyentes del mundo». En 2014, con 17 años, se convirtió en la persona más joven en recibir un Premio Nobel. El suyo fue, por supuesto, el de la Paz. Malala no ha dejado de involucrarse en otras campañas, como la que en 2014 pedía la liberación de decenas de niñas nigerianas secuestradas por un fanático grupo islámico que prohibía la escolarización de las mujeres. A través de su propia fundación, Malala Fund, sigue luchando por el derecho universal a la educación y su voz se ha convertido en un símbolo para todas las mujeres que, aun hoy en día, siguen siendo víctimas de una violencia atroz por el mero hecho de querer expresarse.

Ella misma, en colaboración con Patricia McCormick, cuenta su vida en el libro «Malala, mi historia», que dio lugar a la película «Él me llamó Malala», del realizador Davis Guggenheim. Así, su mensaje se ha amplificado, convirtiendo a Malala en una inspiración para otros jóvenes que, a pesar de los horrores que los asolan, luchan por el eterno ideal de hacer del mundo un lugar mejor.

CRONOLOGÍA

1997
Nace el 12 de julio en Mingora, Pakistán
2009
Escribe un blog para la BBC
2012
Es víctima de un atentado talibán cuando viajaba en el autobús escolar
2013
Se publica su autobiografía «Yo soy Malala», de la periodista Christina Lamb
2014
Recibe el Premio Nobel de la Paz a los 17 años

TIENE OTROS PRESTIGIOSOS PREMIOS, COMO EL SIMONE DE BEAUVOIR Y EL SÁJAROV.

ÍNDICE